E. Noelle-Neumann
H. Maier-Leibnitz

Zweifel am Verstand

E. Noelle-Neumann
H. Maier-Leibnitz

Zweifel am Verstand

Das Irrationale als die neue Moral

EDITION INTERFROM

CIP-Kurztitelaufnahme der Deutschen Bibliothek

Noelle-Neumann, Elisabeth:
Zweifel am Verstand: Das Irrationale als die neue Moral /
Elisabeth Noelle-Neumann; Heinz Maier-Leibnitz
Zürich: Edition Interfrom; Osnabrück: Fromm, 1987.
(Texte + [und] Thesen; Bd. 202)
ISBN 3-7201-5202-2

Vertrieb für die Bundesrepublik Deutschland:
VERLAG A. FROMM, Osnabrück
Gestaltung: Zembsch' Werkstatt, München
Gesamtherstellung: Druck- und Verlagshaus Fromm, Osnabrück

Inhalt

Statt einer Einleitung

Je größer die Gefahr, desto mehr brauchten die Menschen den Verstand und das Vertrauen in den Verstand derjenigen, die als ausgewiesene Experten urteilsfähig sind. Aber ein Naturwissenschaftler erkennt mit Bestürzung, daß, während die Gefahren wachsen, das Vertrauen in die naturwissenschaftlichen Experten abnimmt. Und eine Sozialwissenschaftlerin beobachtet, wie bei machtvoller werdenden Medien die Information der Menschen nicht zunimmt, sondern umgekehrt lebenswichtige Kommunikation blockiert wird.

Der Naturwissenschaftler ändert sein Denken. Mit der Einsicht „Beweisen ist nicht genug" versucht er Rhetorik zu lernen, um zur verstandesmäßigen Aussage in der immer wichtiger werdenden öffentlichen Diskussion die Kräfte der Überzeugung durch das Wort hinzuzufügen.

Die Sozialwissenschaftlerin richtet die Mittel ihrer Wissenschaft, Demoskopie und Kommunikationsforschung, auf die Aufgabe, die Rolle des Mediensystems beim zunehmenden Verlust der Orientierung zu verstehen.

Das gemeinsame Buch von Naturwissenschaftler und Sozialwissenschaftlerin ist entstanden aus dem Bemühen, die Entwertung des Verstandes aufzuhalten.

Allensbach/München
im November 1987

Elisabeth Noelle-Neumann
Heinz Maier-Leibnitz

Der Zweifel am Verstand

Elisabeth Noelle-Neumann

Ich möchte ein Schlüsselerlebnis beschreiben. Eigentümlicherweise werden derartige Erlebnisse, auch wenn man immerzu mit Statistik zu tun hat, nicht unwichtiger, sondern eher umgekehrt: Man versteht mit solchen Schlüsselerlebnissen plötzlich die abstrakten statistischen Befunde besser.

Ich hatte in Mainz eine größere Zahl von Studenten, die sich in einem Seminar ausgezeichnet hatten, zu mir in meine Wohnung eingeladen. Die Studenten diskutierten miteinander über Kernenergie. Einer der Studenten setzte seine Ansichten kenntnisreich, ernsthaft und bedächtig auseinander. Da rief ihm ein anderer zu: „Wie kannst du über eine so wichtige Frage so rational reden." Ein Schlüsselerlebnis für Wertewandel. Der Verstand und die Sachkenntnis – kein positiver, sondern ein negativer Wert.

Man kann diese Entwicklung schon seit Jahren aus einer Reihe von demoskopischen Ergebnissen ablesen. Da ist zum Beispiel eine Allensbacher Frage von Ende 1981. In dieser Umfrage war einem repräsentativen Querschnitt der Bevölkerung ein Dialog vorgelegt worden. Ein Standpunkt lautete: „Die Energiepolitik und alles, was damit zusammenhängt, auch ob wir die Kernenergie nutzen sollen oder nicht, das können nur Experten, Wissenschaftler beurteilen. Vor allem die sollten entscheiden, wie wir unsere Energieversorgung in Zukunft sichern." Dagegen stand im demoskopischen Interview die andere Position, die so formuliert war: „Da bin ich anderer Meinung. Die Kernenergie ist auch ein politisches Thema. Da kommt es nicht in erster Linie auf die Urteile der Experten, Wissenschaftler an, sondern darauf, wie die Politiker und die Bevölkerung dazu stehen.“ Die Frage war: „Wer von den beiden sagt eher das, was Sie darüber denken?“ Nur ein Drittel aller Befragten (33 Prozent) wollte dem Urteil der Experten und Wissenschaftler ein besonderes Gewicht zukommen lassen. Jeder zweite (genau 50 Prozent) wollte für diese schwierige und doch fast nur durch Experten zu klärende Entscheidung das Urteil der Experten nicht besonders bewertet wissen; wichtiger war ihm, was die Politiker und die Bevölkerung darüber denken. Noch krasser war das Ergebnis bei Befragten, die selbst schon für sich eine Entscheidung gegen die Kernenergie gefällt hatten. In dieser Gruppe wollten nur 17 Prozent etwas von Experten wissen, während 71 Prozent die Ansicht vertraten, Politikermeinung und Bevölkerungsakzeptanz müßten den Ausschlag geben.

Was bei einer näheren Untersuchung dieser Ergebnisse besonders verblüffte, war, daß — besonders unter jüngeren Leuten — das Zutrauen in die Wissenschaft oder in das Urteil von Experten mit steigender Bildung nicht stieg, sondern sank. Während von den unter 30jährigen Hauptschulabsolventen immerhin noch 28 Prozent für eine besondere Berücksichtigung von Experten plädierten und 57 Prozent die Entscheidung über die Nutzung der Kernenergie Politikern und Bevölkerung überlassen wollten, sprachen sich die unter 30jährigen mit höherer Schulbildung zu 72 Prozent gegen 18 Prozent gegen die Experten aus[1].

Seit einigen Jahren kann man verfolgen, wie der Zweifel am Verstand die wissenschaftliche Politikberatung lahmlegt. Oberflächlich betrachtet, handelt es sich dabei um die Durchsetzung des Gedankens, daß man bei Meinungsverschiedenheiten nicht nur eine, sondern

1 Allensbacher Archiv, IfD-Umfrage 4001, Oktober 1981

auch die andere Seite hören müsse. De facto stehen dann heute auf der einen Seite Gelehrte und Forscher, die durch wissenschaftliche Qualifikation, wie etwa durch Habilitation und Berufung, ausgewiesen sind, denen auf der anderen Seite Antiexperten gegenübergestellt werden. Man kann das am Beispiel der Enquête-Kommission des Bundestages für die Zukunft der Atomenergie Ende der siebziger und Anfang der achtziger Jahre modellhaft beobachten[2].

Die Vorstellung, die sich seit Anfang der sechziger Jahre ausgebreitet hat, daß alle Erkenntnis von Interesse bestimmt ist[3], scheint die Erwartung und den Anspruch an eine selbstkritische, sich selbst reinigende Fähigkeit des Verstandes gänzlich zerstört zu haben. Nicht im Bereich der Wissenschaft zeigt sich diese Zerstörung, aber im Bereich der Politik, in der man offensichtlich nicht mehr darauf vertraut, daß der Verstand in erster Linie die wissenschaftliche Erkenntnis bestimmt, sondern als bestimmend das parteiische Bewußtsein oder auch unbewußte Interessen vermutet. Thesen und Gegenthesen haben unter diesen Voraussetzungen nicht ihre Wurzeln in verstandesmäßig zu überprüfenden unterschiedlichen Erkenntnissen und Hypothesen, sondern in entgegengesetzten Interessen. Wenn man für bestimmte wissenschaftliche Positionen, in denen die Mehrheit der Fachwissenschaftler übereinstimmt, keinen anerkannten Wissenschaftler findet, der die Gegenposition vertritt, muß man als Enquête-Kommission um der „Gerechtigkeit" und „Symmetrie" willen auf andere Personen ausweichen, zum Beispiel — wie die Enquête-Kommis-

[2] Heinz Maier-Leibnitz: Stichprobenverfahren zur Klärung wissenschaftlich-technischer Kontroversen. In: Die Naturwissenschaften, Heft 2/1983, Nr. 70, S. 65—69

[3] Jürgen Habermas: Erkenntnis und Interesse. Frankfurt: Suhrkamp 1968

sion für die Zukunft der Atomenergie — auf einen Studenten der Physik aus Bremen, der als Sprecher vorgeladen war.
Wie sollen sich Politiker entscheiden, wenn sie in dieser Weise mit Gutachten und Gegengutachten konfrontiert werden? Es liegt auf der Hand, daß die wissenschaftliche Politikberatung von Enquête-Kommissionen des Bundestages auf diese Weise zur baren Sinnlosigkeit verkommt, wissenschaftliche Politikberatung in Mißkredit gebracht wird. Denn der Effekt bei den Beratenen ist Resignation, die bis in die Führungskreise der Politik dringt. Daß diese Resignation dann wieder in die Breite der Bevölkerung wirkt, wird klar, wenn man sieht, daß auch die Journalisten, die über die Ergebnisse solcher Kommissionen zu berichten suchen, nur noch verunsichert dastehen. Vor kurzem sagte mir der zuständige Redakteur für Umweltfragen einer führenden deutschen Wirtschaftszeitung: „Genug Sicherheit, nicht genug Sicherheit — es ist offenbar unmöglich, das herauszufinden."
Die 68er Generation der Studenten, die unter den Talaren ihrer Professoren nur den Muff von tausend Jahren witterten, erweckte mit ihrer Autoritätskritik noch den Eindruck, nach mehr Sinn und Verstand zu streben. Die Kritik an hierarchischen Strukturen und hergebrachten Autoritäten, so hieß es, richte sich gegen jegliche wie auch immer institutionalisierte Überheblichkeit, richte sich nicht gegen die Vernunft, sondern bloß gegen unvernünftige, veraltete Traditionen, die den Spielraum der Vernunft einengten.
Von heute aus ist erkennbar, daß die Autoritätskritik keineswegs nur Spielraum schaffen wollte für die vernünftige, sachgerechte, zwanglos-rationale Diskussion. Die Professorenbeschimpfung war von Anfang an vor allem gegen den Sachverstand gerichtet, der die-

sem Berufsstand damals wie heute in besonderem Maße abverlangt wird. Wenn heute auch kaum noch von einer antiautoritären Bewegung die Rede ist, so kann man an den Ergebnissen, wie sie sich demoskopisch beobachten lassen, deutlich ablesen, daß die Bewegung nicht im Sande verlaufen ist, sondern erfolgreich den Sachverstand an sich bis in politische Bereiche, wo man es kaum wahrhaben möchte, in Mißkredit gebracht hat. Symptomatisch kurzgefaßt kann man das, was vor sich gegangen ist und noch vor sich geht, am Prestigeverlust der Professoren und Wissenschaftler im allgemeinen sehen. 1972 sagten bei einer Allensbacher Umfrage beispielsweise 40 Prozent der Bevölkerung, daß sie besondere Achtung vor Atomphysikern hätten, 1985 sagten das 30 Prozent[4].

Von einem Symptom kann man hier sprechen, weil die Autoritätskritik sich in keinem Augenblick nur auf Universitätsprofessoren beschränkt hatte. Wenn psychologisch inspirierte Beobachter der Vorgänge in den Angriffen auf Professoren und in den Vorlesungsstreiks der späten sechziger Jahre so etwas wie einen Aufstand der Söhne gegen die Väter zu erkennen glaubten, dann hatten sie damit zumindest insofern recht, als hier nicht nur auf Titel und Talar gezielt wurde. Die antiautoritäre Bewegung hatte ja viel breiter angesetzt. Ein anderes Motto hieß bekanntlich: „Traue keinem über 30." In Wirklichkeit ging es darum, die bis zu einem bestimmten Grad natürliche Kluft zwischen den Generationen auseinanderzustemmen. Daß dies erfolgreich war, zeigten Anfang der achtziger Jahre die internationalen Umfragen, die zum Vorschein brachten, daß Eltern und Kinder in Deutschland in ihren Wertvorstellungen weiter von-

[4] Allensbacher Archiv, IfD-Umfragen 2084 und 4066

einander getrennt waren als Eltern und Kinder in irgendeinem anderen westlichen Land[5].

Hier in dieser Kluft zwischen den Generationen liegt der Grund, warum sich in Deutschland sogar eine eigene politische Formation entwickelt hat, eine eigene Jugendpartei, die *Grünen*, deren Anhänger zu mehr als zwei Drittel (67 Prozent) aus unter 30jährigen bestehen (1985)[6]. 77 Prozent der Anhänger sind unverheiratet[7], bei den unter 30jährigen *GRÜNEN* ist jeder zweite Schüler, Student, Lehrling. Eine solche Partei gibt es sonst in keinem Parlament der Welt.

Die Distanz zur älteren Generation hat mit dieser Partei zu einem Protestmuster geführt, das nun in vielem, vor allem durch seine Abgrenzung gegen etabliertes Tun und Denken, in seiner Abgrenzung gegenüber hergebrachten Erfahrungen den eigenen Wert empfindet, etwa so:

— Wenn Kinder in unserem Wertsystem zur Arbeitsamkeit erzogen werden sollen, dann ist es gut, sich von der Arbeit zu distanzieren, womöglich in eine alternative oder — wie es auch genannt wird — informelle Arbeitswelt überzuwechseln.
— Wenn Tüchtigkeit gerühmt wird, muß der Protest lauten: „Wir wollen nicht tüchtig sein."
— Wenn in der Welt der Erwachsenen Zeit knapp ist und sorgfältiger Umgang mit der Zeit empfohlen wird, ist es gut, den Grundsatz zu proklamieren: „Wir haben Zeit im Überfluß" (um es mit Michael Endes „Momo" zu sagen).
— Wenn in unserer Kultur die Regel gilt, daß Männer nicht weinen, also Selbstbeherrschung verlangt

5 Elisabeth Noelle-Neumann/Renate Köcher: Die verletzte Nation. Über den Versuch der Deutschen, ihren Charakter zu ändern. Stuttgart: Deutsche Verlagsanstalt 1987

6 Allensbacher Werbeträger-Analyse 1985

7 Allensbacher Archiv, IfD-Umfragen 4059/4062, Sommer 1985

wird, dann lautet die Protestparole: „Wir weinen, und wir haben Angst.“

- Wenn die politischen Führungspositionen im allgemeinen meist männlich besetzt sind, ist es konsequent, dem spiegelbildlich eine rein weibliche Führungsspitze entgegenzusetzen.
- Wenn der Verstand hoch bewertet wird, muß man Zweifel am Verstand haben.
- Wenn die westliche Zivilisation auf Optimismus, auf Fortschrittsglauben und Technikfreundlichkeit gegründet ist, ist es gut, Pessimismus zu zeigen, Technikfeindlichkeit und Angst vor der Technik.
- Wenn Westbindung die Bündnispolitik der Bundesrepublik ist, dann sind Neutralität und Offenheit gegenüber dem *Osten* gut.
- Wenn Verteidigungsbereitschaft gegenüber dem Osten verlangt wird, dann ist es gut, seine Bereitschaft zur Unterwerfung zu erklären.

Technikfeindschaft ist eine Folge von Technik, und Technik ist international, also muß auch die Technikfeindschaft international sein. So etwa läuft im allgemeinen die Schlußfolgerung ab, und man wundert sich, daß es in Frankreich so wenig Widerstand gegen die Ausnutzung der Kernenergie gibt. Ein anderer vertrauter Gedanke: Autoritätsverlust ist eine Folge der technischen Revolution, die die Erfahrung der Älteren unbrauchbar gemacht habe. Die technische Revolution ist international, also müßte auch die Kluft zwischen den Generationen auf gleiche Weise in den Industrieländern immer größer werden. Die internationalen demoskopischen Daten zeigen aber, daß das nicht stimmt, daß dies eine deutsche Angelegenheit ist.

Was hier vor sich geht, kann man nur richtig interpretieren, wenn man sich die räumliche und zeitliche Begrenzung auf unser Land klargemacht hat. Die allen

Industrieländern gemeinsamen Entwicklungen im Bereich von Wissenschaft, Wirtschaft, Technik lösen gesellschaftliche Veränderungen aus, die die Grenzen überspringen. Künstlich erzeugte gesellschaftliche Veränderungen sind daran zu erkennen, daß sie an nationalen oder regionalen Grenzen haltmachen, und daß man auch Zeitgrenzen genau erkennen kann. Bis zur Mitte der sechziger Jahre gab es in der Bundesrepublik keine ungewöhnliche Entfernung zwischen den Generationen; schon das spricht dagegen, daß es sich um eine unmittelbare Wirkung einer Auseinandersetzung der nach 1945 erwachsen gewordenen Generation mit der Generation, die das Dritte Reich erwachsen erlebt hat, handeln könnte.
Und gleich jenseits unserer Grenzen, zum Beispiel Österreich, gibt es keine ungewöhnliche Entfernung zwischen den Generationen, sie stimmen dort noch heute politisch so weit überein wie bei uns bis zur Mitte der sechziger Jahre[8].
Aber was heißt „künstlich erzeugt"? Wer soll ein Interesse daran haben, daß in Deutschland Autorität in Verruf geraten ist, daß besonders die Jugend Zweifel am Verstand hegt?
Bevor man diese Fragen beantwortet, muß man zu klären versuchen, was denn eigentlich mit dem Zweifel am Verstand gemeint und was die Folge davon ist. Während einer Fernsehsendung nach dem Münchener Katholikentag von 1984 warf eine junge Katholikin im Gespräch mit Hans Maier und Hanna-Renate Laurien den Politikern generell vor, daß sich im Blick auf die Probleme des Friedens und auf Atomraketen so wenig Gefühl zeige, alles klinge immer nur so rational, so

8 Allensbacher Archiv, IfD-Umfragen 082 (1955), 1077 (1963), 2072 (1971), 4045 (1984); für den Vergleich Deutschland — Österreich: 4010 (Juni 1982) und 4111 (März/April 1982)

daß sich damit kein Jugendlicher identifizieren könne. Da kehrte mein Schlüsselerlebnis aus der Diskussion mit den Studenten in die Erinnerung zurück.
Jedes Gespräch dieser Art kam damals auch auf die Angst. Dies ist das Stichwort. Bei einer Entwertung des Verstandes kann sich Angst besonders leicht ausbreiten. Verstandesgründe können ihr nicht mehr entgegengestellt werden. Angst verdient ein besonderes Interesse, wenn man sich über die Gefährdung einer Gesellschaft, eines Landes klarwerden will. Daß Angst lähmt und schwach macht, ist altbekannt; bis in die Tierverhaltensforschung hinein reichen die Beobachtungen, daß die Erzeugung von Angst im anderen zur ersten Phase der Angriffsstrategie gehört. Wie die Angst beim Menschen wirkt, zeigt ein eigentümliches Experiment aus der amerikanischen Kommunikationsforschung vom Ende der sechziger Jahre.
In diesem Laboratoriumsexperiment, über das Harold Sigall und Robert Helmreich 1969 im „Journal of Experimental Social Psychology" berichtet haben, wurden zwei Gruppen von Versuchspersonen verglichen, die den gleichen wissenschaftlichen Vortrag hörten, in dem für eine Milderung der Drogengesetzgebung plädiert wurde. Während die Versuchspersonen der Kontrollgruppe in ihrem Normalzustand gelassen wurden, wurde den Versuchspersonen der Testgruppe gesagt, daß ihnen in einem späteren Teil des Versuchs eine Blutprobe entnommen werden müsse. Deshalb standen auch, deutlich sichtbar plaziert, auf dem Tisch Spritzen, Reagenzgläser, Watte und Alkohol. Der Redner, dessen Vortrag die Versuchspersonen auf Tonband hörten, wurde einmal als Professor, als Experte für das angekündigte Thema, einmal als einfacher, an der Sache interessierter Laie, als Postbeamter aus Palo Alto, vorgestellt. Während die Versuchsper-

sonen im Normalzustand sich, mit einem Vorher-nachher-Fragebogen gemessen, eher überzeugen ließen, wenn der Redner als Experte vorgestellt wurde, als wenn er als Laie angesagt war, ließen sich die Versuchspersonen, die man zuvor in einen Angstzustand versetzt hatte, von dem vermeintlichen Postbeamten genauso überzeugen wie von dem Experten. An diesem Laboratoriumsexperiment wird deutlich, daß die Angst die kritische Urteilskraft herabsetzt.

Herabgesetzte Urteilskraft, herabgesetztes Differenzierungsvermögen führen zu einer immer größer werdenden Toleranz für Positionen, die eigentlich miteinander unvereinbar, die in sich selbst widersprüchlich sind. Die Widersprüche, mit denen sich die Bevölkerung einrichtet, sind vor allem da ausgeprägt, wo der Kampf um die öffentliche Meinung seine größte Intensität hat. Man denke hier an die widerspruchsvollen Ergebnisse der Repräsentativumfragen im Sommer und Herbst 1983 zum Thema der NATO-Nachrüstung. Das waren keine unzuverlässigen oder von den jeweiligen Auftraggebern inspirierten gegensätzlichen Ergebnisse, sondern die Bevölkerung dachte so widerspruchsvoll. Bei der Verteidigungspolitik und bei den Fragen des Ost-West-Verhältnisses kann man das Auftreten der Widersprüche besonders gut beobachten[9], eben weil diese Bereiche notwendig Zentren des Kampfes um die öffentliche Meinung sein müssen.

Ein anderes Beispiel aus dem Frühjahr 1984, also einer Zeit, als die Auseinandersetzung um die Raketenrüstung erst wenige Monate zurücklag: Die Frage wurde in zwei verschiedenen Fassungen gestellt, damit die Ergebnisse nicht an einem ganz bestimmten Wort-

[9] Elisabeth Noelle-Neumann: Drei Viertel gegen die Raketenstationierung? Die Wirklichkeit sieht differenzierter aus. In: Frankfurter Allgemeine Zeitung, Nr. 215, 16. September 1983, S. 11

laut oder einer bestimmten Grammatik hingen. Beide Fragen führten aber zu völlig übereinstimmenden Ergebnissen. Die eine Fragefassung lautete: „Das ist ja sicher schwer zu sagen, aber: Kann jemand eigentlich zugleich für den Kommunismus und die Demokratie eintreten, oder kann er das nicht?" Die zweite Fassung hieß: „. . . Kann jemand eigentlich zugleich Kommunist und Demokrat sein, oder kann er das nicht?" Die Ergebnisse sahen zusammengefaßt so aus: 21 Prozent sagten: „Das kann er", und 55 Prozent glaubten: „Das kann er nicht." Der Rest, 24 Prozent, war unentschieden.
Wenn man nun die Generationen vergleicht, zeigt sich: Während von den älteren Menschen über 59 Jahre nur zehn Prozent glaubten, man könne zugleich für Kommunismus und Demokratie eintreten, und 62 Prozent die Unvereinbarkeit dieser beiden politischen Prinzipien erklärten, meinten die unter 30jährigen zu 28 Prozent: „Man kann zugleich für den Kommunismus und die Demokratie eintreten." Hier waren nur noch 46 Prozent, die widersprachen: „Das kann man nicht."
Verblüffend ist, daß bei dieser Frage das gleiche Phänomen zu beobachten ist wie schon 1981 bei der Frage, wieviel Gewicht man dem Expertenurteil bei Entscheidungen über die Kernenergie geben solle. Je höher die Schulbildung der unter 30jährigen, um so größer wird die Toleranz für Positionen, die in sich widersprüchlich sind. Junge Leute ohne höhere Schulbildung sagten zu 19 Prozent: „Man kann zugleich für den Kommunismus und die Demokratie eintreten", 52 Prozent sagten: „Das kann man nicht." Ihre Altersgenossen mit höherer Schulbildung — viele unter ihnen Studenten — glaubten demgegenüber zu 37 Prozent, der Kommunismus sei mit der Demokratie vereinbar. Bei ihnen gab es nur noch 42 Prozent, die zwischen Kommunismus und Demokratie einen Gegen-

satz sahen [10]. Es ist schwer zu erkennen, wie man die Demokratie gegen den Kommunismus verteidigen soll, wenn man nicht in der Lage ist, zwischen beiden die unvereinbaren Systemunterschiede zu erkennen.

Die Furcht, manipuliert zu werden, braucht in der jungen Generation nicht angefacht zu werden, sie ist ganz spontan da. Oft nimmt das Wort „Manipulation“ in Diskussionen so überhand, daß radikale Beschlüsse gefaßt werden, das Wort solle jetzt überhaupt nicht mehr verwendet werden, ohnehin sei es viel zu unklar. Unklar ist es nicht, man kann sich an die Kurzformel von Arnold Gehlen halten: „Manipulieren heißt ja, jemanden als Mittel zu benutzen zu einem Zweck, den er nicht kennt [11].“ Und das Gefühl der Gefahr, manipuliert zu werden, ist nicht zu stark, es ist eher zu schwach.
Die Macht der Kommunikationsmittel, die Aufmerksamkeit zu führen und Gefühle zu erwecken, ohne daß man es bemerkt, wird weder instinktiv wahrgenommen, noch gibt es darüber ein aufgeklärtes Wissen. Der Zweifel am Verstand vergrößert die Gefahr, manipuliert zu werden. Je mehr man sich auf das Gefühl verläßt, ohne den Verstand zu beteiligen, um so leichter kann man zu einem Zweck gebraucht werden, den man nicht kennt. Je mehr Fähigkeiten man entwickelt, um seinen Verstand zu gebrauchen, je mehr man lernt, sich zu erinnern, Erfahrungen zu speichern und abzurufen, zu vergleichen, zu variieren und zu differenzieren, mit um so größerer Kraft kann man Manipulation erkennen und sich ihr widersetzen.

10 Allensbacher Archiv, IfD-Umfrage 4044, Juni 1984

11 Arnold Gehlen: Zur politischen Verantwortung der Massenmedien (Podiumsgesprächsleitung). In: Wirtschaft und öffentliche Meinung. Köln: Jakob Hegner 1972 (Veröffentlichungen der Walter-Raymond-Stiftung, Band 14), S. 62

Lesen in der Informationsgesellschaft

Elisabeth Noelle-Neumann

Im Jahre 1974 hielt ich einen Vortrag zur Eröffnung der Frankfurter Buchmesse, der später in den Zeitungen zu einer 10-Zeilen-Meldung schrumpfte. Was diese Meldung enthielt, war die Mitteilung eines empirischen Forschungsergebnisses, das auch bei der Eröffnung der damaligen Buchmesse im Auditorium von Verlegern und Buchhändlern größte Heiterkeit ausgelöst hatte. Mit Prozentzahlen wurde belegt: Bücherleser sind fröhlicher! In jeder Altersgruppe, in jeder Bildungsgruppe, jeder Berufsgruppe, bei Männern und Frauen — überall sahen die Buchleser, diejenigen, die regelmäßig Bücher lesen, fröhlicher aus als diejenigen, die nur gelegentlich Bücher lesen, und noch mehr als diejenigen, die nie Bücher lesen. An das Bücherlesen hatte man hohe Erwartungen geknüpft, viele positive Wirkungen des Bücherlesens waren behauptet oder festgestellt worden — aber noch nie hatte jemand behauptet, das Bücherlesen mache fröhlich. Und doch läßt sich dieser Zusammenhang bis heute jederzeit aus jeder Umfrage nachweisen. Nachweisen kann man den Zusammenhang — aber erklären konnte man ihn nicht.

Können wir den Zusammenhang heute erklären?

Als das Fernsehen sich in den fünfziger Jahren ausbreitete, wurden mehrere große Forschungsprojekte in England, den USA, Kanada und Japan in Gang gesetzt, um die Frage zu beantworten: Was wird durch das Fernsehen verdrängt? Mit Zeitbudgetstudien wurde versucht, ganz direkt den Verdrängungsprozeß zu beobachten. Aber diese Frage verlor relativ bald ihre Brisanz. Zeitungen, Zeitschriften und Bücher — wenn man nach den Absatzzahlen urteilte — waren offenbar

nicht gefährdet. Zu diesem Schluß kam man in den USA und auch – etwa ein Jahrzehnt später – in der Bundesrepublik.
Mehrere Umstände kamen in den fünfziger, sechziger, siebziger Jahren zusammen, um sich über die Situation zu täuschen. Diese Jahrzehnte brachten ungewöhnlich günstige Bedingungen für eine Zunahme des Lesens: In den USA wie in Deutschland stieg die Zahl der Menschen mit höherer Schulbildung sprunghaft an. Der Anteil von Jugendlichen pro Jahrgang, der eine höhere Schule besuchte, hat von 32 Prozent Mitte der sechziger Jahre auf 57 Prozent Mitte der achtziger Jahre zugenommen. Von daher gesehen müßte das Lesen, auch das Bücherlesen, zunehmen. Denn wenn es einen klaren Zusammenhang gibt, dann ist es derjenige, daß man mit der höheren Schulbildung eine immer größere Leichtigkeit im Lesen gewinnt. Die Analysen zeigen, daß derjenige, der eine höhere Schulbildung hat, mit größerer Wahrscheinlichkeit regelmäßig liest als derjenige, der mit der Hauptschule abschließt. Das war der eine Faktor.
Der zweite Faktor war der rasch steigende Wohlstand dieser Jahre, die Zunahme des frei verfügbaren Anteils am Einkommen und damit der Kaufkraft für Zeitungen, Zeitschriften, Bücher.
Der dritte Faktor war die Zunahme der Freizeit, und zwar zwischen Anfang der fünfziger Jahre und Mitte der achtziger Jahre um etwa 70 Prozent. Bei mehr Freizeit kann man mehr lesen. Damit entschärfte sich die Frage nach dem Verdrängungseffekt des Fernsehens. Durch die neugewonnene Freizeit konnte sich das Fernsehen ausbreiten, ohne notwendigerweise dem Lesen Zeit wegzunehmen.
Es gab also drei Einflüsse: Schulbildung, Geld und Freizeit, die dahin tendierten, daß es eigentlich mehr

und mehr Bücherleser hätte geben müssen. Aber die Zunahme zeigte sich nur in den Verkaufszahlen vor allem von Zeitschriften und Büchern, nicht beim Bücherlesen selbst, dort änderte sich zwischen 1967 und 1984 praktisch nichts. Im Winter 1967/68 sagten 47 Prozent, sie hätten innerhalb der letzten zwölf Monate ein Buch oder mehrere Bücher gekauft, fünf Jahre später: 49 Prozent; 1978: 50 Prozent; 1981: 55 Prozent und 1987: 58 Prozent.
Wie oft liest man ein Buch? Die Frage wurde seit Mitte der 60er Jahre jeweils in derselben Jahreszeit gestellt. Im Winter 1967/68 lasen „täglich“ ein Buch 10 Prozent, 1987 12 Prozent. „Mehrmals in der Woche“: 19 Prozent vor zwei Jahrzehnten, jetzt 21 Prozent. „Etwa einmal in der Woche“: vor zwei Jahrzehnten 13 Prozent, jetzt 12 Prozent. In der Häufigkeit des Lesens hat sich praktisch zwischen 1967 und 1987 nichts geändert.
Aber schon die Stabilität beruhigte. Eine andere Beruhigung kam hinzu. Es ließ sich aus den Umfragen zeigen: Je mehr jemand fernsieht, desto mehr liest er auch. Offenbar war das Fernsehen kein „Freßfeind“ des Lesens, sondern viel eher schien sich die „more and more“-Regel zu bestätigen, die in den 40er Jahren von Paul Lazarsfeld in den USA gefunden wurde, nach der Menschen, die ein Medium nutzen, auch andere Medien mehr nutzen. Damit war der Alarm, es könnte mit dem Fernsehen auch das Lesen beeinträchtigt werden, zunächst einmal ganz eingestellt.
Es hat etwa zwölf Jahre gedauert, bis uns ein Sachverhalt auffiel, der die „more and more“-Regel in Frage stellte. Wir führten eine Stichtagbefragung durch, das heißt, wir erkundigten uns bei den Befragten, was sie „gestern“ von morgens bis abends gemacht hatten, von Viertelstunde zu Viertelstunde wurde für den Tag

vor dem Interview festgestellt: „Was haben Sie gemacht?“ Dabei interessierte vor allem der Medienkonsum. Es zeigte sich, daß der Eindruck, daß diejenigen, die mehr fernsehen, auch mehr lesen, ein trügerischer Eindruck war, die Ergebnisse spalteten sich auf. Zwar nahm das Lesen von Zeitungen und Zeitschriften mit der Dauer des Fernsehens zu, aber das Lesen von Büchern nahm ab.
Wir hatten bis dahin die Beziehungen zwischen Fernsehen und Lesen pauschal als Ganzes untersucht. Als wir nun aufspalteten zwischen Zeitung, Zeitschriften und Buch, kamen wir zu dem Ergebnis: je mehr Fernsehen, desto weniger Buchlesen. Belegt wird der Sachverhalt in der folgenden Tabelle, die sich auf eine „Stichtagbefragung“ (Winter 1981/82, Sommer 1982) stützt, bei der der Medienkonsum am Tag vor dem Interview ermittelt wurde mit 16 900 Interviews.

Der Zusammenhang zwischen der Dauer des Fernsehens und dem Lesen von Zeitungen, Zeitschriften und Büchern.

	Personen, die am Stichtag ferngesehen haben		
	wenig %	mittel %	viel %
Es lasen am Stichtag –			
eine Zeitung	30	35	38
eine Zeitschrift	22	25	31
ein Buch	18	12	11

Quelle: Allensbacher Archiv, 16 900 Interviews, IfD-Umfragen 1503, 1510

Was hier für Erwachsene gefunden wurde, gilt auch für Kinder. Bei einer Allensbacher Untersuchung aus dem ersten Quartal 1985 bei 500 acht- bis zwölfjährigen Kindern wurde der Befund erhärtet: Kinder, die viel fernsahen, lasen weniger Bücher, Kinder, die wenig fernsahen, lasen mehr Bücher.

Was unterscheidet das Lesen von Büchern vom Lesen von Zeitungen und Zeitschriften? Was erklärt, warum das Lesen von Büchern durch das Fernsehen betroffen wird, während das Lesen von Zeitungen und Zeitschriften nicht leidet? Wir stehen hier zunächst einmal vor einem Rätsel. Zuerst standen wir vor dem Rätsel, warum Bücherleser in jeder Bevölkerungsgruppe fröhlicher aussehen, und konnten es nicht erklären. Nun standen wir vor dem Rätsel, warum bei mehr Fernsehen Zeitungen und Zeitschriften noch mehr gelesen werden, aber Bücher weniger. Woher kommt das? Hier begegnen wir der Schwierigkeit, daß wir ganz allgemein so wenig vom Lesen wissen.
Ich selber habe den Unterschied zwischen Lesen und Fernsehen, weil die angemessene Forschung fehlt, oft falsch interpretiert. Ich bin bekümmert, wenn etwa ein Aufsatz oder ein Lexikonartikel von mir aus den 60er Jahren zitiert wird und ich feststellen muß: Das ist gar nicht mehr meine Meinung, das ist nicht mehr das, was ich heute wissenschaftlich belegt finde. Aber: Wissenschaft muß sich selbst überholen, wenn wir Forschung treiben. In vielen Punkten sind wir in den letzten zwanzig Jahren von der Forschung überholt worden, haben uns selbst überholt.
Fast völlig fehlt die vergleichende Kommunikationsforschung zum Thema „Lesen und Fernsehen“. Es könnte sein, daß die Kommunikationswissenschaftler unbewußt die Bearbeitung eines Vergleichs zwischen Lesen und Fernsehen vermieden haben, weil ihnen die dazu erforderlichen Instrumente und die Zusammenarbeit anderer Disziplinen wie Neurologie oder naturwissenschaftlich orientierte Psychologie noch fehlten. Das hauptsächlich fehlende Stück Erkenntnis wuchs schon seit den fünfziger Jahren heran, aber erst 1981 wurde die allgemeine Aufmerksamkeit darauf gelenkt

durch die Verleihung des Nobelpreises für Medizin an Roger W. Sperry, David H. Hubel und Torsten Wiesel für Arbeiten auf dem Gebiet der Gehirnforschung. Die Ergebnisse sind unter dem Stichwort Zweihemisphärentheorie bekannt geworden.
Gemeint ist die Entdeckung, daß das menschliche Gehirn mit zwei Hemisphären beinahe in der Art eines Doppelorgans arbeitet. Die beiden Hemisphären sind durch einen Steg verknüpft, der allerdings einen außerordentlich dichten Verkehr bewältigt. Die linke Gehirnhemisphäre ist erkannt worden als vornehmlich rationale Hemisphäre, in der verbales Material in logischer Form verarbeitet wird; dort liegen das „Sprachzentrum" des Menschen und die abstrakte Denkfähigkeit. Die rechte Hemisphäre ist befaßt mit der Aufnahme und Verarbeitung bildlichen Materials, mit Synthese und Ganzheitsschau. Ihr ist zugeordnet ein stärkeres Fühlen, ein emotionales Verarbeiten.
Man sollte denken, daß eine Zusammenarbeit zwischen neuerer Physiologie und Kommunikationsforschung sofort in Gang gekommen wäre, aber das ist nicht der Fall. Es gibt erste Veröffentlichungen, die in diese Richtung weisen[1], und bei unerwarteten Ergebnissen der Kommunikationsforschung liegt heute die Vermutung nahe, daß sie selbst in einer Zusammenarbeit mit den Hemisphärenforschern aufgeklärt werden können.
Allerdings: noch ist alles dies nur Vermutung. Eine der bekanntesten Gehirnforscher der Welt ist Jerre Levy, Professorin der Universität von Chicago. Ich besuchte sie, als ich selbst an der Universität von Chicago

1 Peter A. Andersen, John P. Garrison, Janis F. Andersen: Implications of a Neurophysiological Approach for the Study of a Nonverbal Communication. In: Human Communication Research, Vol. 6, No. 1, Fall 1975, pp. 74—89

lehrte, und fragte sie: Ist es denn nun so, daß die rechte Hemisphäre vor allem vom Fernsehen angeregt wird, weil sie für das Bildsehen zuständig ist? Da sah sie mich mit der Ruhe eines Experten an, der genau Bescheid weiß, und antwortete: Das Fernsehen regt überhaupt nichts an. So erklärt sich wahrscheinlich die Beobachtung von Ulrich Saxer und seiner Forschungsgruppe[2], daß regelmäßige Zeitungleser Fernsehnachrichten besser aus der Erinnerung wiedergeben können als Vielfernseher, die wenig Zeitung lesen; die passive Erinnerung an Fernseheindrücke, also das Wiedererkennen von Bildeindrücken, ist gut entwickelt, die Bildeindrücke haften. Aber ohne eine ständig geübte Entschlüsselung von Worten und, noch eine Stufe weiter, von Schriftzeichen ist es offenbar schwerer, sie aktiv ohne Gedächtnisstütze auf einen Willensimpuls hin zu reproduzieren; dies gelingt eher, wenn die linke Hemisphäre stärker beteiligt und geübt ist, es ist also eine Sache des „retrieval".

Auch eine Beobachtung von Hertha Sturm[3] bei vergleichenden Untersuchungen von Sehen, Hören und Lesen könnte jetzt aufgeklärt werden: Sie fand, daß rationale und emotionale Elemente von Kommunikation verschieden gut behalten werden. Es wird beispielsweise der positive oder negative Eindruck einer Person, die in der Kommunikation dargestellt wird, behalten, während die Argumente, warum diese Person positiv oder negativ zu bewerten sei, vergessen werden. Die gefühlsmäßigen Einstellungen lösen sich

2 Ulrich Saxer, Heinz Bonfadelli: Lesen, Fernsehen und Lernen. Wie Jugendliche die Medien nutzen und die Folgen für die Medienpädagogik. Klett + Balmer Verlag, Zug 1986

3 Hertha Sturm, Ruth Haebler, Reinhard Helmreich: Medienspezifische Lerneffekte. Eine empirische Studie zu Wirkungen von Fernsehen und Rundfunk (Schriftenreihe des Internationalen Zentralinstituts für das Jugend- und Bildungsfernsehen, München 1972)

von den Begründungen ab, machen sich selbständig. Das erschwert eine Diskussion, denn ist sich jemand seiner Emotionen sicher, obwohl die Argumente fehlen, so ist ein Gespräch nicht mehr lohnend.
Wenn es gelingt, Emotionen von großer Stabilität zu vermitteln, während die Argumente vergessen werden, kann man ein Fernsehauditorium gleichsam impfen mit negativen oder positiven Einstellungen. Die Manipulierbarkeit, die damit eröffnet ist, muß man als ernste Frage vor Augen haben.
Und nun kommt mit neueren amerikanischen Forschungsergebnissen auch das Thema zurück, das in der Einführungsphase des Fernsehens eine allgemeine Aufmerksamkeit fand und dann als nahezu erledigt angesehen wurde: Auswirkungen des Fernsehens auf das Lesen. Von heute her gesehen wirkt die Forschungsfrage der frühen Fernsehjahre: Was wird durch das Lesen verdrängt? naiv. Es mehren sich die Zeichen, daß die Auswirkungen des Fernsehens nicht rasch eintreten, sondern langfristig und kumulativ und daß man darum ziemlich lange Zeit hindurch annehmen konnte, es gebe keine gravierenden Auswirkungen.
Weil das Fernsehen sich in den USA etwa zehn Jahre früher ausbreitete, werden dort auch langfristige Auswirkungen des Fernsehens eher entdeckt. Seit Mitte der 70er Jahre beginnen amerikanische Wissenschaftler die Frage nach den Auswirkungen des Fernsehens auf das Lesen ernst zu nehmen. Etwa Ende der 80er Jahre würden dann solche Symptome auch bei uns deutlicher werden.
In den USA wurden Untersuchungen mit Schülern eingeleitet, um zu prüfen, wie sich bei mehr oder weniger Fernsehkonsum die Fähigkeiten entwickeln. Wenn man Schüler bestimmter Altersgruppen, die viel oder wenig (weniger als zweieinhalb Stunden täg-

lich) fernsahen, daraufhin verglich, ob dadurch das Lesen beeinträchtigt wurde, ergab sich eine Scheinkorrelation, die die Ergebnisse überdeckte. Da Schüler mit niedrigem Intelligenzquotienten mehr fernsehen, kann sich die geringere Lesefähigkeit derjenigen, die viel fernsehen, auch aus dem durchschnittlich niedrigeren Intelligenzquotienten erklären. Diese Fehlerquote läßt sich ausschalten, wenn man Gruppen von Schülern mit hohem, mittlerem und niedrigem Intelligenzquotienten getrennt vergleicht nach denen, die viel, und denen, die wenig fernsehen, und dies über längere Zeit hinweg. Bei einer derartigen Studie, die zwischen 1974 und 1977, also mit dreijähriger Laufzeit, vorgenommen wurde und mehr als 200 Schüler von der 6. bis zur 9. Klasse begleitete, war der Hauptbefund: Sowohl bei hohem wie bei mittlerem Intelligenzquotienten war bei denen, die viel fernsahen, die Fähigkeit, Gelesenes zu verstehen, beeinträchtigt[4]. Dabei wird das Verstehen als zentrales Element geistiger Leistung eingestuft. Vom jetzigen Wissens- und Beobachtungsstand aus würden wir vermuten: Das Fernsehen trainiert nicht die Fähigkeit, der Darstellung von längeren Zusammenhängen zu folgen. Es preßt seine Mitteilungen in knappeste Zeit, es erzeugt damit eine unterschwellige Ungeduld gegenüber Mitteilungen, die mehr Zeit beanspruchen. Längere Zusammenhänge fordern eine Art von Ausdauer — Ausdauer ist immer auch Kraft —, längere Zusammenhänge darzustellen, wird auch vom Fernsehen selten angestrebt. Das Fernsehen nutzt seinen Vorteil, durch rasch wechselnde Bilder anzuregen, zu beleben, Interesse zu

[4] Michael Morgan: Television Viewing and Reading: Does More Equal Better? In: Journal of Communication Vol. Nr. 1, 1980. — Siehe auch Michael Morgan/Larry Gross: Television Viewing. IQ and Academic Achievement. In: Journal of Broadcasting, Vol. 24, 1980

wecken, zu unterhalten. Es entwickelt nicht die rationale Gliederung, die logische Verknüpfung, um Mitteilungen verstandesmäßig zu verarbeiten. Informiert sein besteht ja nicht aus punktuellen Kenntnissen. Verstehen heißt, im wesentlichen die Zusammenhänge zwischen Fakten oder Fakten und Argumenten in Gedanken nachvollziehen zu können. Dabei spielt eine besondere Rolle der indirekte Zusammenhang, das heißt, daß man in der Lage ist, nicht nur Zusammenhänge zwischen einem und einem anderen Faktor zu erkennen, sondern Zusammenhänge, die in mehreren Schritten verlaufen: A beeinflußt B, und B beeinflußt C, so hängen A und C zusammen. Auch Wechselwirkungen können fast nicht durch das Fernsehen dargestellt werden.

Das ist im politischen Informationsbereich eine gravierende Schwierigkeit. Man kann dies am Beispiel des Problems, wie die Arbeitslosigkeit zu bekämpfen ist, oder neue Arbeitsplätze zu schaffen sind, zeigen. Ein Konzept besteht in einem Zwei-Schritte-Verfahren. Erster Schritt: Es wird eine intensivere Wirtschaftstätigkeit angeregt — man kann von Aufschwung oder Wachstum sprechen. In einem zweiten Schritt wird durch neue Unternehmensgründungen und andere Maßnahmen eine stärkere Beschäftigung herbeigeführt. Eine Zwei-Schritte-Politik trifft aber bei unserer Bevölkerung bereits auf Ungeduld. Nur der direkte Zugriff überzeugt.

Eine 1983 in der amerikanischen Fachzeitschrift Journalism Quarterly in einer Zusammenfassung veröffentlichte Studie zeigte plötzlich, daß der Blickwinkel: Auswirkungen der Fernsehgewohnheiten auf das Lesen zu eng gewählt ist. Es wurde in dieser[5] empirischen

[5] Kate Peirce: Relation Between Time Spent Viewing Television and Children's Writing Skills. In: Journalism Quarterly, No. 3, 1983

Untersuchung von Schülern der 5. bis 9. Klasse geprüft, wie sich Fernsehgewohnheiten auf die Fähigkeit zum Schreiben auswirken, und zwar nach einer in den USA eingeführten 5-Punkte-Skala, bei der Grammatik, Orthographie, Interpunktion, Satzbau und Gedankenführung beurteilt wurden. Die Aufgabe für die Schüler bestand darin, eine erfundene Geschichte zu erzählen. Die Geschichten, die die Schüler aufgeschrieben hatten, wurden verwendet, um den Einfluß der Fernsehgewohnheiten — viel oder wenig Fernsehen — auf Einfallskraft, Phantasie, zu untersuchen. Um Scheinkorrelationen zu vermeiden, wurde die Analyse nicht nur nach der Dreiteilung: „Wenig Fernsehen bis zu einer Stunde täglich" — „Mittel, zwei bis drei Stunden" — „Viel Fernsehen, vier Stunden und mehr täglich" vorgenommen, sondern auch getrennt für die verschiedenen Altersgruppen, für Kinder von Eltern mit höherer oder einfacher Schulbildung, für Kinder, deren Eltern mit ihnen über das Fernsehen sprachen, gegenüber Kindern ohne eine solche Interaktion mit den Eltern, und für Kinder, die viel, im Vergleich zu Kindern, die wenig Bücher lesen. Gespräche mit den Eltern und viel Bücherlesen beeinflussen Schreibfähigkeit und Phantasie günstig; der stärkste negative Faktor, der gefunden wurde, war die Menge des Fernsehens. In der Zusammenfassung heißt es: „Viel fernsehen und schlecht schreiben hängen so stark zusammen, daß man, wenn ein Kind Schwierigkeiten hat zu schreiben, immer zuerst prüfen sollte, wieviel es fernsieht." Das ist eine Beobachtung, die uns deswegen beschäftigen muß, weil viele Berufserfolge vom Schreibenkönnen abhängen.

Es ist eingangs schon von der Glücksforschung die Rede gewesen. Es gibt viele Möglichkeiten zu messen, wie wohl sich ein Mensch in seiner Haut fühlt, wie fröhlich er ist. Und eines der Dinge, in denen sich der Fröhliche vom Nichtfröhlichen besonders unterscheidet, ist, daß er mehr Einfälle produziert, übrigens auch mehr Erinnerungskraft hat. Diese Dinge können hier in eine Beziehung gebracht werden.

Mit dem Lesen scheinen verbunden, die bisherigen Ergebnisse noch einmal zusammengefaßt: der Erwerb von Wissen, die Fähigkeit, längeren Gedankengängen zu folgen, Kausalzusammenhänge zu erkennen als besonders wichtiger Teil des Verstehens, Gedächtnis mit der Fähigkeit des aktiven Zurückholens der Inhalte; weiter ist mit Lesen korreliert die Fähigkeit, sich ausdrücken zu können, und zwar sowohl im Gespräch, in der Diskussion, wie auch die Fähigkeit zu schreiben, und schließlich hängen Lesen und Entwicklung von Phantasie zusammen.

Bei einer Grundstimmung des „Zweifel am Verstand" könnte man solche Zusammenhänge leicht unterbewerten. Die Anfälligkeit für falsche Rezepte ist groß. Charakteristisch ist die Banalität der Ratschläge, die in den letzten Jahrzehnten populär geworden sind, zum Beispiel, man brauche etwas nicht auswendig zu lernen, es reiche, wenn man wisse, wo es nachzuschlagen sei. Natürlich kann man nur mit denjenigen Bausteinen von Wissen, Kenntnissen von Sprache und Kenntnissen von Fakten und Zusammenhängen, die man im Kopf hat, neue Gedanken entwickeln. Und sicher ist auch, daß man aus einem Text, den man auswendig gelernt hat, etwas ganz anderes gewinnt, als wenn man ihn nur liest. Wer auf das Nachschlagen wartet, wird sich langweilen. Der Zusammenhang zwischen Fröhlichsein und sich nicht langweilen oder Unfrohsein und sich langweilen im Sinne von Ernst Jünger: „Langeweile ist verdünnter Schmerz" ist nachweisbar.

Aber noch haben wir die beiden Rätsel nicht gelöst: Warum sehen Bücherleser fröhlicher aus? Und: Warum wird das Lesen von Zeitungen und Zeitschriften nicht vom Fernsehen zurückgedrängt, wohl aber das Lesen von Büchern? Und nun kommt ein drittes Rätsel hinzu: Warum hat sich bei steter Zunahme der höheren Schulbildung und viel mehr Medienkonsum — verdoppelt zwischen Mitte der sechziger und Anfang der achtziger Jahre, heute sechs Stunden täglich — auch im Aktuellen der Informationsstand der Bevölkerung nicht verbessert?

Das Thema, das hier behandelt wird, heißt: Lesen in der Informationsgesellschaft. Was heißt eigentlich Informationsgesellschaft? Wir haben uns an das Wort gewöhnt — woher kommt es? Wenn uns die Idee käme, allein die Masse von sechs Stunden Medienkonsum täglich müsse dazu führen, daß wir informierter seien, so wäre das ein Irrtum. In Allensbacher Umfragen wurde von 1953 der Informationsstand der Bevölkerung gemessen. Es zeigt sich heute bei gleichen Indikatoren keine Zunahme der Information. Wie ist es möglich, daß eine Bevölkerung eine so große Masse von Kommunikation aufnimmt und trotzdem nicht besser informiert ist? Wenn man Vergleiche nur innerhalb der sozialen Schichten anstellt und innerhalb bestimmter Bildungsgruppen — die Sozialforschung sagt: Wenn man soziale Schicht und Schulbildung konstant hält, dann sieht man, daß der Wenigfernseher grundsätzlich besser informiert ist als der Vielseher. Dazu einige Beispiele:

Eine Frage lautete: „Die Bundesrepublik ist ja Mitglied im westlichen Verteidigungsbündnis NATO. Wissen Sie zufällig, wie das Militärbündnis der Ostblockstaaten heißt?“ Die Vielfernseher geben richtige Antworten zu 47 Prozent, die Wenigfernseher zu 56

Prozent. Oder: „Wo liegen die Falklandinseln?“ – in einer Karte einzutragen. Die Vielfernseher, die doch immerzu Karten gezeigt bekommen, können zu 48 Prozent das Kreuz richtig setzen, die Wenigfernseher zu 54 Prozent. In jeder Bildungsgruppe, in jeder sozialen Schicht, in jeder demographischen Gruppe, die wir konstant halten, finden wir denselben Sachverhalt.
Oder: „Man liest ja heute so viele Fachwörter, Fremdwörter. Können Sie zum Beispiel sagen, was Konjunktur ist, was man darunter versteht?“ Vielfernseher geben richtige Antworten zu 75 Prozent, Wenigfernseher zu 85 Prozent. „Was Objektivität bedeutet?“ Das wissen Vielfernseher zu 35 Prozent, Wenigfernseher zu 45 Prozent. „Wissen Sie zufällig, in welchem Jahr der 20. Juli, ich meine das Attentat auf Hitler, eigentlich war?“ Richtige Antworten der Vielfernseher 51 Prozent, Wenigfernseher 56 Prozent.
Wir haben viele Testfragen über zwanzig Jahre gestellt. Eine Frage zum Beispiel heißt: „Wissen Sie das zufällig: Hat Luther vor oder nach dem 30jährigen Krieg gelebt?“ Eine Frage dieser Art wird bei etwa verdoppeltem Anteil von höherer Schulbildung heute weniger gut beantwortet als vor zwanzig Jahren. Oder eine andere Frage: „Friedrich Schiller hat ja das Schauspiel Wallenstein geschrieben. Glauben Sie, Schiller hat die Figur Wallenstein erfunden, oder glauben Sie, daß es Wallenstein wirklich gegeben hat?“ – „Es hat ihn wirklich gegeben“ sagen in unserer Bevölkerung heute 47 Prozent. Die anderen antworten entweder: „Ich weiß es nicht“, oder sie vermuten, es habe ihn nicht gegeben, Schiller habe die Figur erfunden. Das Interessante ist, daß die über 45jährigen mit Volksschulbildung heute ungefähr genausogut Bescheid wissen wie die unter 30jährigen, die die höhere Schule besucht haben.

Das heißt, trotz Erweiterung unserer Bildungsangebote gibt es keineswegs viele Anhaltspunkte für eine Informationsgesellschaft im Sinne besserer Information, weder im Aktuellen noch in den Literaturkenntnissen oder in Orthographie — hier gibt es regelmäßige Tests in den Umfragen — oder im Rechnen oder in der Geschichte. Nachgewiesen ist das unter anderem in einer Untersuchung, die als Buch veröffentlicht vorliegt: „1953—1979. Eine Generation später"[6]. Erwiesen ist auch, daß Information erst mit Medienkonsum zunimmt, wenn Menschen lesen.

Unsere Vermutung, daß das Bücherlesen mehr Kraft fordert als das Lesen von Zeitung und Zeitschrift, läßt sich wahrscheinlich bestätigen. Daß Kraft an sich etwas ist, mit dem man fröhlicher lebt als mit dem Gefühl von Schwäche, dürfte einleuchten. Dafür, daß Kraft eine Rolle spielen könnte, sprechen die Zusammenhänge über Bücherlesen und Alter. Die Gruppe der unter 20jährigen las an einem zufällig ausgewählten Stichtag[7] zu 29 Prozent Bücher, die Gruppe der 20- bis 29jährigen zu 21 Prozent, die 30- bis 49jährigen zu 16 Prozent, die 50jährigen und älteren ebenfalls zu 16 Prozent. Das Lesen von Büchern geht also mit dem Alter von 29 Prozent auf 16 Prozent pro Tag zurück, das Zeitunglesen steigt von 52 Prozent auf 80 Prozent, das Zeitschriftenlesen bleibt gleich.

Warum ist das Durchhalten eines Buches eigentlich eine Frage der Kraft? Unter anderem wohl deswegen, weil man beim Lesen von Zeitungen und Zeitschriften

[6] Elisabeth Noelle-Neumann, Edgar Piel (Hrsg.): Eine Generation später. Bundesrepublik Deutschland 1953—1979. München, New York, London, Paris 1983

[7] Ermittelt mit der Frage: „Wenn Sie jetzt mal an Ihre freie Zeit von gestern denken, was haben Sie gestern in Ihrer Freizeit zu Hause oder außerhalb alles gemacht? Könnten Sie die betreffenden Karten herauslegen?" (Vorlage eines Kartenspiels)

im jeweiligen gewohnten Zusammenhang bleibt, man bewegt sich in den bekannten aktuellen Fragen und Problemen und muß sich nicht besonders hineindenken. Das Bücherlesen versetzt in eine andere Welt. Aber gerade darin mag das Geheimnis liegen, warum die Phantasie angeregt wird. Elihu Katz hat in einer Untersuchung über das Bücherlesen und Zeitunglesen einmal gesagt: Zeitung- und Zeitschriftenlesen = damit orientieren wir uns über die Umwelt; Bücherlesen = damit orientieren wir uns über unsere Innenwelt. Wenn das vielleicht der Schlüssel wäre, könnte uns das helfen zu verstehen, warum Bücherlesen eine so wichtige Funktion hat.

Der amerikanische Kommunikationsforscher Neil Postman[8] schrieb: „Das Druckmedium rückt mit großer Geschwindigkeit an die Peripherie unserer Kultur und wird im Zentrum ersetzt durch die elektronischen Medien.“ Wir hätten uns, so Postman, eingelassen auf ein großes unkontrolliertes Experiment.

Was hier dargestellt wurde, hat nichts zu tun mit dem oft glossierten Wehklagen beim Aufkommen neuer Medien. Dies sind überprüfbare Ergebnisse empirischer Forschung. Die Folgerung lautet: Zur Medienpolitik in der Ära der Ausbreitung der neuen Medien gehören Maßnahmen der Leseförderung, sonst wird der Begriff „Informationsgesellschaft“ zunehmend zum Hohn. Es ist ein Test auf unsere Sensibilität und Reaktionsfähigkeit. Sind wir fähig, auf Gefahren für unsere auf Schrift gegründete Kultur zu reagieren, auch wenn sie nicht ins Auge springen wie das Waldsterben?

8 Neil Postman: The Contradictions of Freedom of Information. Vortrag auf der Tagung „Creating Meaning: The Literacies of Our Time“ der Annenberg School of Communications, University of Southern California, Februar 1984

Blockierte Kommunikation und die Chancengleichheit in der Demokratie

Elisabeth Noelle-Neumann

Blockierte Kommunikation — was ist das? Man erkennt schon an der Entdeckung von Neil Postman, daß das Fernsehmedium einen tiefgreifenden Einfluß auf die menschliche Gesellschaft hat und haben wird, und zwar unabhängig von der Art, wie es organisiert ist, unabhängig vom Einfluß des Staates auf das Fernsehen, unabhängig von der Rolle der Fernsehwerbung, unabhängig davon, ob es privates Fernsehen gibt oder nicht.

Zu den Wirkungen des Fernsehens, die durch Eigenschaften des Mediums ausgelöst werden, gehören — um bei den Beobachtungen von Neil Postman zu bleiben:

1. Das Umsichgreifen der Vorstellung, es gebe für alle auftretenden Schwierigkeiten in der Politik schnelle und einfache Lösungen. Die gleiche Reaktion auf das Fernsehen wurde schon in den 60er Jahren bei uns in Deutschland gefunden und auch veröffentlicht[1].
2. Die Aufmerksamkeit der Politiker wird kurzatmiger. Sie verlagert sich von langfristigen politischen Zielen auf die kurzfristigen Schwankungen der öffentlichen Meinung von Tag zu Tag.
3. Die Ungeduld, sich mit schwierigen Gedankengängen zu befassen, nimmt zu. Postman spricht von einer zunehmenden Ungeduld mit Büchern, ins-

[1] Allensbacher Archiv, IfD-Bericht Nr. 1489: Auswirkungen des Fernsehens in Deutschland. Lebensgewohnheiten, Interessen und Bilder der Politik vor und nach der Anschaffung eines Fernsehgeräts, Mai 1968. Eine Zusammenfassung erschien in der Zeitschrift für Soziologie, Jahrgang 8, Heft 2, April 1979.

besondere Büchern, die mit nuancierter Sprache komplizierte Dinge darzulegen versuchen. Amerikanische Tests vom Ende der 70er Jahre zeigten einen Rückgang der Lesefähigkeit auf jeder Intelligenzebene. Wir haben Grund, das gleiche in Deutschland zu erwarten, trotz der noch guten Verkaufszahlen von Büchern, und wir wissen bereits, daß mit dem Rückgang der Lesefähigkeit ein Rückgang an Ausdrucksfähigkeit verbunden ist, zu sprechen, zu schreiben, und auch von Phantasie[2].

Wie so oft bei technologischen Fortschritten werden zuerst nur die Vorteile erkannt und erst allmählich die unerwarteten, unerwünschten Nebenwirkungen.

Postman glaubt, diese Folgen des Fernsehens hingen zusammen mit dem amerikanischen System der Finanzierung durch Werbung und der Organisationsform als privates Fernsehen. Als Amerikaner kennt er nicht die europäische Kommunikationsforschung, er meint, daß seine Beobachtungen über Wirkungen des Fernsehens speziell mit dem Privatfernsehen zu tun haben und nicht mit dem Fernsehen schlechthin.

Er spricht von weiteren Wirkungen, die er damit erklärt, daß sich das amerikanische Fernsehen durch Werbung finanziert. Er stellt uns diese Entwicklung vor, damit wir gewarnt sind und nicht ebenfalls den amerikanischen Weg gehen, Privatfernsehen, das sich durch Werbung finanziert, einzuführen.

Nach seiner Auffassung werden durch Fernsehen auf marktwirtschaftlicher Grundlage (wie in den USA) die alten Werte der Kultur wie Arbeitsethik oder Religiosität nicht mehr geduldet.

2 Elisabeth Noelle-Neumann: Zukunft der Lesekultur, In: Markus Schöneberger, Dieter Weirich (Hrsg.): Kabel zwischen Kunst und Konsum. Plädoyer für eine kulturelle Medienpolitik, Berlin und Offenbach 1985, S. 143—160.

Vergleichen wir deshalb einmal die Religiosität der jungen Generation der USA mit nur privatwirtschaftlichem Fernsehen und die Religiosität der Bundesrepublik mit einem öffentlich-rechtlichen Fernsehsystem. Die Ergebnisse stammen aus einer internationalen Umfrage mit gleichem Fragewortlaut Anfang der 80er Jahre[3].

Eine Frage lautete: „Glauben Sie an Gott?" 18- bis 24jährige Amerikaner: „Ja" 94 Prozent, 18- bis 24jährige Deutsche: „Ja" 52 Prozent.

„Glauben Sie an ein Leben nach dem Tode?" Junge Amerikaner: „Ja" 69 Prozent, Deutsche: 29 Prozent.

„Glauben Sie an die Sünde?" Junge Amerikaner: „Ja" 89 Prozent, junge Deutsche: 45 Prozent.

Die Kirche besuchten regelmäßig deutsche junge Katholiken (16—29 Jahre) 1952 zu 52 Prozent, 1985 zu 9 Prozent. Von jungen deutschen Protestanten besuchten 1952 regelmäßig die Kirche 12 Prozent, 1985 2 Prozent.

In den USA gibt es keinen Rückgang des Kirchenbesuchs. Anfang der 80er Jahre sagten 51 Prozent der 18- bis 24jährigen, daß sie regelmäßig zur Kirche gehen.

Stichwort Arbeitsethik: Es gibt eine internationale Umfrage vom Anfang der 80er Jahre mit zahlreichen Fragen zur Arbeitsethik[4]. Eine Frage lautet: „Hier unterhalten sich vier Leute über die Arbeit und warum man arbeitet. Welcher der vier sagt am ehesten das, was auch Sie denken?" Eine Auswahl von vier Antwortmöglichkeiten wurde im Fragebogen vorgelegt.

Eine der Darstellungen lautet: „Ich möchte immer mein Bestes geben, so gut ich kann, unabhängig davon,

[3] European Value Systems-Study. EVSSG. 1981.

[4] Internationale Umfrage „Jobs in the 80s".

wieviel ich verdiene." „Das ist meine Einstellung" sagen amerikanische Berufstätige zu 50 Prozent, deutsche zu 25 Prozent.
Eine zweite Einstellung: „Ich finde meine Arbeit interessant, aber ich lasse es nicht so weit kommen, daß sie mein übriges Leben stört." — „Das ist meine Einstellung": 20 Prozent der berufstätigen Amerikaner, 44 Prozent der berufstätigen Deutschen.
Die dritte und vierte Einstellung — „Arbeiten ist für mich ein Geschäft" und „Wenn ich nicht müßte, würde ich gar nicht arbeiten", vertraten in den USA und in Deutschland jeweils zusammengefaßt 26 Prozent[5]. Hier besteht also kein Unterschied.
Man kann also nicht erkennen, daß das marktwirtschaftlich organisierte amerikanische Fernsehen die Religiosität oder die Arbeitsethik zerstört hat. Dagegen gibt es in beiden Bereichen in Deutschland beim öffentlich-rechtlichen Fernsehsystem seit Mitte der 60er Jahre einen starken Wertewandel, und zwar in Richtung Abbau der traditionellen Werte.
Postman sagt weiter, das marktwirtschaftlich organisierte Fernsehen verändere das Familienleben in einschneidender Weise. Es gebe weniger Gemeinsamkeit („interaction"), es gebe bestimmt („certainly") weniger Gespräch zwischen Eltern und Kindern.
Die internationale Umfrage vom Anfang der 80er Jahre gibt uns die Möglichkeit, die Nähe zwischen Eltern und Kindern in Amerika und Westdeutschland in ihren Wertvorstellungen zu vergleichen. Die Frage lautete: „In welchen Bereichen haben Sie und Ihre Eltern ähnliche Ansichten?" Hier die Ergebnisse für die fünf Bereiche.

5 Elisabeth Noelle-Neumann, Burkhard Strümpel: Macht Arbeit krank? Macht Arbeit glücklich? Eine aktuelle Kontroverse, München, Zürich 1984.

Tabelle
USA, Bundesrepublik Deutschland
18- bis 24jährige Bevölkerung

Frage: „In welchen Bereichen haben/hatten Sie und Ihre Eltern ähnliche Ansichten?"
(Vorlage einer Liste)

	18- bis 24jährige	
	Amerikaner %	*Deutsche* %
Ich habe ähnliche Ansichten wie meine Eltern bei –		
Moralvorstellungen	77	38
Einstellungen zur Religion	69	39
Einstellungen gegenüber anderen Menschen	66	47
politischen Ansichten	47	33
Einstellungen zur Sexualität	43	14
	302	171
In keinem dieser Bereiche habe ich ähnliche Ansichten wie meine Eltern	x	13
Weiß nicht	9	9
n =	501	337

x = weniger als 0,5 Prozent

QUELLE: Internationale Wertestudie 1981/82

Seit Anfang der 80er Jahre hat sich nach amerikanischen Untersuchungen die Nähe zwischen Kindern und Eltern weiter vergrößert, und in Deutschland hat sie sich nach den Allensbacher Untersuchungen noch weiter verringert. 1981 sagten 13 Prozent der jungen Generation: „In keinem der fünf Bereiche habe ich ähnliche Ansichten wie meine Eltern", 1985 sagten das 18 Prozent der jungen Deutschen. Die International Herald Tribune vom 3. Juni 1986 veröffentlichte eine große Reportage über die junge amerikanische Generation. Ein Kernsatz lautete: „Sie sind ernst, religiös und optimistisch" und: „Als Vorbild und Rollenmodell für sich sehen sie ihre Eltern." Das paßt überhaupt nicht zu der Diagnose von Postman, wie sich ein kommerzielles Fernsehen auf die Dauer auswirken muß.

Es gehört zu den Rätseln der zweiten Hälfte unseres Jahrhunderts, mit welchem Leichtsinn die Frage nach den Auswirkungen der neuen Kommunikationstechnologie von der Forschung ausgelassen worden ist, nicht ernsthaft bearbeitet wurde, obgleich angemessene Methoden dafür seit etwa fünfzig Jahren verfügbar sind. Technische und wirtschaftliche und juristische Fragen der neuen Kommunikationstechnologie wurden angemessen bearbeitet, aber nicht die Fragen nach den Auswirkungen auf die Menschen. Zu diesem Punkt würde Neil Postman mir recht geben. Er hat geschrieben, daß mit der Einführung des Fernsehens ein großes unkontrolliertes Experiment ablaufe, und die Forschung schaue nicht hin. Der Fernsehredakteur der „Chicago Tribune" sagte über das Fernsehen: „The unresearched Dragon at large" – „der große losgelassene Riesendrache".
Was heißt angemessene Methoden? Das betrifft erstens die Frage der Untersuchungsanlage. Auswirkungen lassen sich nicht abfragen wie demographische Daten oder Informationen über Besitz und Verbrauch oder Kenntnisse, Meinungen, Verhaltensweisen. Auswirkungen sind den Menschen zu einem großen Teil nicht bewußt, und sie entwickeln sich oft langfristig. Der Aufgabe angemessen sind darum nur die Methoden des kontrollierten Experiments, vorwiegend des Feldexperiments, das heißt, Untersuchungen nicht unter künstlich im „Laboratorium" geschaffenen Umständen, sondern unter normalen Lebensbedin-

gungen; und außerdem longitudinale Paneluntersuchungen, wobei über lange Zeiträume hinweg dieselben Personen immer wieder befragt werden.

„Angemessen“ betrifft zweitens die Abgrenzung des Untersuchungsbereichs: Alle Seiten eines Kommunikationsprozesses müssen einbezogen werden; die Sender, das heißt, die Kommunikatoren und die Kommunikation produzierenden und aussendenden Institutionen, die Empfänger, die Inhalte, die Übermittlungstechnik und sowohl direkte wie indirekte Auswirkungen.

Ein in diesem wissenschaftlichen Sinne kontrolliertes Feldexperiment zur Beobachtung der Wirkung von Fernsehprogrammen läuft seit Ende 1982, das Pilotprojekt zur Einführung des Kabelfernsehens in Ludwigshafen/Vorderpfalz im Bundesland Rheinland-Pfalz. Hier wird ein verbreitertes Programmangebot über Kabel, bei dem neben öffentlich-rechtlichen auch private Programmproduzenten beteiligt sind, getestet in bezug auf Akzeptanz, Bedürfnis und Auswirkungen insbesondere auf das Familienleben und das lokale Gemeindeleben. Ein erster Bericht liegt veröffentlicht vor[6]. Ein weiterer Bericht wird 1987 erscheinen; es läßt sich schon jetzt erkennen, daß die ersten Ergebnisse in wichtigen Bereichen bestätigt wurden.

Weit verbreitet waren Befürchtungen, das größere und vor allem im Unterhaltungsangebot reichhaltigere Programm werde zu Überkonsum führen, zur Beeinträchtigung von aktiven Tätigkeiten, es werde das Familienleben beeinträchtigen. Die Ergebnisse zeigten unter anderem, daß sich nach einer zweijährigen Laufzeit die aktiven Freizeitbeschäftigungen bei

[6] Elisabeth Noelle-Neumann: Auswirkungen des Kabelfernsehens. Erster Bericht über Ergebnisse der Begleitforschung zum Kabel-Pilot-Projekt, Ludwigshafen/Vorderpfalz, Berlin und Offenbach, 1985

den Haushalten, die jetzt an das Kabel angeschlossen sind, nicht vermindert hatten. Das lokale Interesse hatte sich verstärkt. Das Familienleben wirkte entspannter und intensiver, es wurde mehr von gemeinsamen Interessen und gemeinsamen Unternehmungen berichtet, allerdings auch von mehr Anstrengungen, das Fernsehen der Kinder unter Kontrolle zu halten.

Die Haushalte wurden in einer sogenannten „Null-Untersuchung" Ende 1982 befragt, bevor der Sendebetrieb des Kabelprogramms begann. In einer zweiten Befragung wurde beobachtet, was sich seit dem Anschluß an das Kabelfernsehen verändert hatte. Daneben wurde eine Kontrollgruppe interviewt: Haushalte, die noch ohne Kabelfernsehen sind. Dieses Feldexperiment läuft jetzt seit zweieinhalb Jahren. Das Material steht allen Kommunikationswissenschaftlern zur Verfügung, es kann von jedem kritisch eingestellten Kommunikationswissenschaftler in Allensbach am Computer überprüft werden. Es handelt sich bei den Ergebnissen also nicht um Meinungen, nicht um Interpretationen, sondern um zahlenmäßig belegte Befunde eines zweieinhalbjährigen wissenschaftlichen Feldexperiments.

Als wichtigster Befund erscheint zur Zeit: Nach vier Indikatoren wirkt sich offenbar der Kabelanschluß günstig auf das Familienleben aus. Als Freizeitbeschäftigung wird von den Kabelteilnehmern vor dem Anschluß zu 52 Prozent, nach dem Anschluß zu 57 Prozent angegeben „mich mit meiner Familie beschäftigen, für die Familie da sein" (Kontrollgruppe 51 Prozent, 52 Prozent).

„Wir haben weitgehend die gleichen Interessen", sagten die Kabelteilnehmer vor dem Anschluß zu 57 Prozent, nach dem Anschluß zu 63 Prozent (Kontrollgruppe 57 Prozent, 53 Prozent).

„Wir sind oft verschiedener Ansicht" (in einer Familie), sagten die Kabelteilnehmer vor dem Anschluß zu 36 Prozent, ein Jahr später zu 29 Prozent (Kontrollgruppe 33 Prozent, 35 Prozent).

„Öfter ist die Stimmung bei uns wegen Kleinigkeiten gereizt", sagten die Kabelteilnehmer vor dem Anschluß zu 31 Prozent, ein Jahr später zu 17 Prozent (Kontrollgruppe 22 Prozent, 23 Prozent).

Es ist sicher überraschend, warum bei verbreitertem Programmangebot das Familienleben zugleich lebendiger, interaktiver und friedlicher wird. Aber einige Erklärungen finden wir in dem im November 1985 in der „Internationalen Katholischen Zeitschrift" veröffentlichten Aufsatz von Otto B. Roegele mit dem Titel: „Fernsehen als Friedensstörer". Roegele schreibt in diesem Aufsatz unter anderem[7] von der offensichtlichen Diskrepanz zwischen dem „Katholikentag in der Wirklichkeit" und dem „Katholikentag in Fernsehen und Radio". Solche Diskrepanz löst Konflikte bei den Fernsehzuschauern aus. Zugleich können wir der Sozialforschung der letzten Jahre entnehmen, daß bei mehr Übereinstimmung in Wertvorstellungen Familienmitglieder interessierter miteinander sprechen als bei großer Entfernung voneinander[8].

Derartige Ergebnisse müssen Neil Postman sehr überraschen, weil er — bei mehr als 20 amerikanischen Fernsehprogrammen, Kabelfernsehen und Pay TV — in einem privatwirtschaftlich organisierten Mediensystem das Problem der blockierten Kommunikation

[7] Otto B. Roegele: Fernsehen als Friedensstörer. In: Internationale Katholische Zeitschrift, 14. Jg., Heft 6, November 1985, S. 517—528, hier bes. S. 523

[8] Renate Köcher, Institut für Demoskopie Allensbach: Ehe und Familie. Einstellungen zu Ehe und Familie im Wandel der Zeit. Eine Repräsentativuntersuchung, herausgegeben vom Ministerium für Arbeit, Gesundheit, Familie und Sozialordnung Baden-Württemberg, Stuttgart, 1985

nicht kennt, das bei einem öffentlich-rechtlichen Fernsehsystem mit nur wenigen Programmen entsteht.
An fünf Beispielen will ich kurz die blockierte Kommunikation und die Ursache, wie es dazu kommt, darstellen. Ich beginne mit Material aus der Umfrageforschung, über die Erfolge der Regierung Kohl nach der Wende und wie sie von der Bevölkerung wahrgenommen wurden.
Gefragt wurde nach der Neuverschuldung des Bundes: „Die Bundesregierung hat ja bei ihrem Amtsantritt versprochen, beim Bundeshaushalt mehr zu sparen und die staatlichen Schulden abzubauen. Hat die Bundesregierung da viel erreicht oder nicht viel?" Tatsächlich verminderte sich die Neuverschuldung von 1981/82 mit über 37 Prozent auf 25 Prozent 1985. Aber die Bevölkerung sagte 1985 nur zu 31 Prozent: „Da hat die Bundesregierung viel erreicht", „Nicht viel erreicht" sagten 47 Prozent.
Eine andere Frage: „Seitdem Helmut Kohl Bundeskanzler ist: Hat es da in der Bundesrepublik einen wirtschaftlichen Aufschwung gegeben oder nicht?" 1982 schrumpfte das Sozialprodukt um 1,1 Prozent. 1984/85 gab es ein Wachstum von +2,6/2,5 Prozent. Aber die Bevölkerung sagte 1985 nur zu 33 Prozent: „Es hat einen Aufschwung gegeben", „Keinen Aufschwung": 51 Prozent.
Oder die Inflationsrate: „Seitdem Helmut Kohl Bundeskanzler ist: Wie sehen Sie das mit der Entwicklung der Preise, und was getan wurde, die Inflation zu stoppen. Hat die Regierung da Erfolg gehabt oder keinen Erfolg?" Die Inflationsrate war von 6 Prozent 1981 auf 2,4 Prozent 1985 gesunken. Aber im Sommer 1985 sagten 39 Prozent der Bevölkerung: „Da hat die Regierung Erfolg gehabt", 61 Prozent: „Keinen Erfolg" oder: „Ich weiß nicht."

Die Arbeitslosigkeit: Über 60 Prozent der Bevölkerung wußten im Sommer 1985 nicht, daß der Anstieg der Arbeitslosigkeit nach dem Regierungswechsel gestoppt wurde. Der Anstieg der Arbeitslosigkeit betrug von 1980 auf 1981 43,1 Prozent, von 1981 auf 1982 44,1 Prozent, von 1982 auf 1983, also nach dem Regierungswechsel, 23,2 Prozent und von 1983 auf 1984 0,4 Prozent, von 1984 auf 1985 1,7 Prozent. Die Bevölkerung weiß nicht, daß die Jugendarbeitslosigkeit in der Bundesrepublik geringer ist als in anderen Industrieländern. Sie ist nicht informiert über die Lehrstellenentwicklung. Diese Situation kann man blockierte Kommunikation nennen.

Das zweite Beispiel für blockierte Kommunikation betrifft Bitburg. Anfang Januar 1986 brachte das Fernsehen eine Sendung, in der Prognosen für das abgelaufene Jahr mit den tatsächlich eingetretenen Ereignissen verglichen wurden. Ich war überrascht, Carola Stern unter den Skandalen, die sich unter der Regierung zugetragen hätten, den „Skandal Bitburg" aufzählen zu hören. Dazu die Ergebnisse auf einige Fragen, die zu der Bitburger Reise von uns gestellt wurden: „Bei der Reise des amerikanischen Präsidenten ist ein Besuch des ehemaligen Konzentrationslagers Bergen-Belsen vorgesehen. Finden Sie das gut oder nicht gut, daß Reagan das ehemalige Konzentrationslager Bergen-Belsen besucht?" — 61 Prozent: „Finde ich gut", 21 Prozent: „Nicht gut". — „Bei dieser Reise wird Präsident Reagan auch einen deutschen Soldatenfriedhof in Bitburg in der Eifel besuchen. Finden Sie es gut oder nicht gut, daß Reagan den Soldatenfriedhof in Bitburg besucht?" — „Finde ich gut", sagten 64 Prozent der Bevölkerung. „Nicht gut": 16 Prozent.

Unmittelbar nach Abschluß der Reise lauteten die Fragen: „Obwohl dieser Besuch heftig umstritten war, haben Reagan und Kohl den Besuch nicht abgesagt und sind dabei geblieben. Finden Sie es richtig oder nicht richtig, daß Reagan und Kohl nach Bitburg gegangen sind?" „Richtig" fanden 65 Prozent der Bevölkerung, „Nicht richtig": 17 Prozent. — „Wenn Sie jetzt einmal alles in allem nehmen: War der Besuch des amerikanischen Präsidenten in der Bundesrepublik eine gute Sache oder keine gute Sache?" — „Eine gute Sache", antworteten 67 Prozent der Bevölkerung, „Keine gute Sache": 10 Prozent.

Aber 1986 kann im Fernsehen von einem „Skandal Bitburg" gesprochen werden.

Das dritte Beispiel betrifft den § 116 (Arbeitsförderungsgesetz). Unsere Frage nach der monatelangen Diskussion um die Neufassung des Paragraphen lautete: „Nach dem, was Sie wissen oder vermuten: Soll bei der Neufassung des § 116 das Streikrecht eingeschränkt werden, oder geht es um etwas anderes?" 48 Prozent der Bevölkerung meinten: „Soll eingeschränkt werden", 22 Prozent: „Geht um etwas anderes". Von den Gewerkschaftsmitgliedern dachten 60 Prozent: „Soll eingeschränkt werden", 24 Prozent: „Geht um etwas anderes". Diejenigen, denen bekannt war, daß es „um etwas anderes" ging, wurden gefragt, worum es gehe. Das, was die Regierung beabsichtigt und zu vermitteln versucht hatte: Klärung der Rechtslage, eindeutigere Formulierung des Streikrechts, wurde von einem Prozent der Bevölkerung genannt und von weniger als einem Prozent der Gewerkschaftsmitglieder. Es gehe um die „Neutralität der Bundesanstalt, daß Streiks nicht von Nürnberg bezahlt werden", wußten 4 Prozent der Bevölkerung, 3 Prozent der Gewerkschaftsmitglieder. Die Regierung hat ihren Standpunkt nicht klarmachen können: Das ist ein weiterer Fall von blockierter Information.

Wie kommt es zur blockierten Kommunikation? Eine der wichtigsten Veränderungen in unserem Leben ist, daß wir von immer mehr Dingen erfahren, ohne selbst dabei gewesen zu sein.
Damit wird für Kommunikation und Meinungsbildung die Frage der Selektion entscheidend: Was wird zur Veröffentlichung ausgewählt? Vor kurzem wurde im Mainzer Institut für Publizistik eine Untersuchung darüber abgeschlossen, wieviel von allen Nachrichten, die bei einer Zeitungsredaktion von den Nachrichtenagenturen einlaufen, veröffentlicht werden: drei von hundert einlaufenden Nachrichten. Dieses Zahlenverhältnis illustriert, wie wichtig die Frage ist, was ausgewählt wird.
Die politische Orientierung eines Journalisten spielt eine entscheidende Rolle für das, was er auswählt, was ihm wichtig erscheint, was er betonen möchte. Das ist legitim. Aber wenn die Mehrzahl der Journalisten in ihrer politischen Orientierung dicht beieinander steht, zum Beispiel links von der CDU/CSU, dann muß dieses Auswahlprinzip dazu führen, daß der Standpunkt links von der CDU/CSU besser und ausführlicher berichtet wird und daß der Standpunkt der CDU/CSU oft in blockierter Kommunikation hängenbleibt. Dieses Problem ist von der Demokratietheorie nicht vorausgesehen worden, es ist erst mit der wachsenden Macht der Medien erstanden. Erst jetzt muß man fragen, wie die Chancengleichheit der Parteien im Mediensystem zu sichern ist.
Es gibt keine andere Lösung für umfassende Informationen der Gesellschaft als Vielfalt, Einrichtung einer großen Zahl von Programmen, Öffnung des Mediensystems, wo immer es möglich ist. Das gilt speziell für das nachweisbar einflußreichste Medium, das Fernsehen. Darum muß man die Einrichtung von vielen Pro-

grammen aus voneinander unabhängigen Quellen befürworten, also auch Privatfernsehen. Das Problem, daß jeder Mensch, auch jeder Journalist durch seine Einstellung in seiner Wahrnehmung beeinflußt wird und damit auch in seiner Berichterstattung, läßt sich auf keine andere Weise lösen, als möglichst viele Standpunkte im Mediensystem gut hörbar und sichtbar darzustellen.

Vor einiger Zeit hielt ein Fernsehredakteur des ZDF einen Vortrag vor Mainzer Studenten der Publizistik, von denen mehr als die Hälfte gern Fernsehjournalisten werden möchten. „Von hundert von Euch", sagte der Fernsehredakteur, „die Fernsehjournalisten werden wollen, kommt einer tatsächlich ins Fernsehen hinein." Meine Frage: Wer ist der eine, der ins Fernsehen hineinkommt? Gerecht kann das nicht sein. Gerecht und im Interesse der publizistischen Vielfalt aus voneinander unabhängigen Quellen und im Interesse der Verhinderung blockierter Kommunikation wäre es, wenn das Rundfunkmediensystem so offen wäre, wie es in Artikel 5 des Deutschen Grundgesetzes vorgesehen ist.
Nach Neil Postman „gibt es keine Freiheit für eine Gesellschaft, der die Informationen fehlen, um den Mangel an Freiheit zu bemerken". Keine Gesellschaft kann also ihre Freiheit verteidigen, wenn ihre Information und ihre Kommunikation blockiert sind.

Der Alptraum – Erinnerung an die Erklärung der 18 Atomphysiker

Heinz Maier-Leibnitz

Es war die Zeit, als die deutschen Physiker sich noch auf Tagungen trafen, als sie sich noch nicht auf viel zu vielen Symposien in der ganzen Welt zerstreuen mußten. Die älteren Kernphysiker (älter hieß über vierzig) kannten sich untereinander und waren größtenteils befreundet. Auf einer solchen Tagung rief uns Carl Friedrich von Weizsäcker am Abend zusammen und verteilte den Entwurf einer Denkschrift an die Regierung Adenauer. Dieser hatte im Zuge der Wiederbewaffnung der Bundesrepublik gesagt, daß im Sinne einer Gleichberechtigung der Partner des westlichen Bündnisses Deutschland wie schon Großbritannien und Frankreich die Verfügung über Atomwaffen haben sollte, und zwar taktische Atomwaffen, die er als eine Art moderner Artillerie bezeichnete. Der Vorschlag einer Denkschrift, an dessen Ursprung sicher auch Heisenberg stand, hatte, wenn ich das rückblickend sehe, zwei Gründe: Erstens glaubten nach dem Vorbild der Haltung vieler amerikanischer Wissenschaftler, vor allem wohl Oppenheimers – auch viele ihrer deutschen Kollegen, daß im Zuge der wiedergewonnenen Meinungsfreiheit jetzt auch die Wissenschaftler bei uns politische Vorschläge äußern sollten. Ein Teil von ihnen glaubte, daß wegen der Klarheit des Denkens und der besonderen Übung in der Anwendung der Intelligenz Vorschläge von führenden Naturwissenschaftlern besonderes Gewicht hätten. Ein anderer Grund aber war uns besonders wichtig und wäre es auch heute noch: Wir wußten etwas von der ungeheuren Wirkung von Atomwaffen und

empörten uns über den Versuch, diese Wirkung zu verheimlichen und herunterzuspielen.
Es ist vielleicht nicht genug bekannt, wie sehr die Wahrheitsliebe den Wissenschaftler motiviert bis hin zu starken Emotionen, wenn er eine Verletzung zu sehen glaubt. Das Problem der Wirkungen der Atombombe war uns nicht fremd. Es gab nämlich seit 1951 die Schutzkommission, in der viele von uns, ähnlich wie in anderen Ländern, sich mit den Fragen beschäftigten, wie man im Fall eines Atomkrieges möglichst viele Menschenleben retten und andere Schäden verkleinern könnte. Ich selbst war Leiter eines Ausschusses „Schutz von Lebensmitteln und Gewässern", dessen Arbeit, wenn sie kontinuierlich hätte weitergeführt werden können, auch heute nach Tschernobyl viele Unsicherheiten hätte vermeiden helfen können. Die Schutzkommission erschien uns sehr wichtig. Die damalige Vermutung, daß man mit relativ einfachen Maßnahmen die Verluste an Menschenleben auf ein Zehntel reduzieren könnte, erscheint mir heute noch richtig, wenn man den Extremfall des totalen Overkill ausklammert.
Der Vorschlag von Weizsäckers wurde diskutiert und in einigen Punkten abgeändert, ohne seine wesentliche Aussage zu verlieren. Entscheidend für die Annahme war sicher das Bedürfnis, die öffentlich erklärte Unterschätzung der Atombombe zu korrigieren. Ich glaube, es war Otto Haxel, der den Vorschlag durchsetzte, die Denkschrift zuerst mit dem Verteidigungsminister, Franz Josef Strauß, zu diskutieren. So kam es zu dem denkwürdigen Zusammentreffen im Ministerium: der Minister, General Heusinger und wir alle. Walther Gerlach, der während des Krieges wie viele von den achtzehn Physikern mit dem sogenannten Uranverein verbunden war, hat es recht ausführlich in der Süd-

deutschen Zeitung geschildert. Strauß beklagte sich, daß er die Denkschrift einfach per Post erhalten hatte und um ihre Geheimhaltung fürchten mußte. Otto Hahn sagte: „Aber wir wollen die Denkschrift doch veröffentlichen!“ Strauß versuchte uns zu überzeugen, daß wir mit der bloßen Existenz der Denkschrift die deutsche Verhandlungsposition gegenüber Moskau sehr geschwächt hätten. Einigen von uns dämmerte, daß es vielleicht nicht unbedingt das Ziel der Regierung war, wirklich zu eigenen Atombomben zu kommen. Aber es war zu spät. Wir gaben unsere Haltung der berechtigten Entrüstung nicht auf, und eine Woche später wurde die Erklärung veröffentlicht.

Das Medienecho war ungeheuer: Wir haben nie wieder etwas Ähnliches erlebt. Ich erinnere mich, daß nach einer ersten großen Zustimmung (vor allem in der DDR waren wir Helden) eine ganz merkwürdige Wandlung weg von Inhalt und Absicht unserer Erklärung folgte. Ich glaube nicht, daß jemand von uns Adenauer des Militarismus verdächtigen wollte, schon deshalb nicht, weil wir meinten, daß aus einem von Atomwaffen umgebenen Glashaus schlecht Bombenwerfen ist. Und ganz sicher hatten wir nicht die Absicht, den Amerikanern, die bereit sind, unser Land zu verteidigen, Vorschriften zu machen, wie sie das tun wollen. Aber genau das war die Richtung, in die die Diskussion sehr schnell lief. Ich habe den Verdacht, daß wir mit unserer Erklärung das Entstehen der Friedensbewegung, der Ostermärsche und des späteren Antiamerikanismus gefördert haben. Sehr oft mußte ich an unseren Freund Hans Jensen denken, den theoretischen Physiker und späteren Nobelpreisträger, der die Erklärung trotz einer gewissen Sympathie nicht unterschrieben hatte. Er zitierte einen seiner Kollegen aus den USA, einen von denen, die sich dort schon früher in die Politik eingemischt hatten: „Manchmal reiten wir aus unserem Elfenbeinturm heraus auf weißen Pferden in schimmernder Rüstung in den Kampf; und dann kehren wir still zurück, mehr verwirrt als je zuvor.“

Heute bin ich geneigt zu glauben, daß wir mit der Warnung vor einer Geringschätzung der Gefahren der Atombombe recht hatten. Aber schon mit einer Aussage wie der, daß ein kleines Land wie unseres die Verfügung über Atombomben nicht anstreben sollte, überschritten wir die Grenzen von dem, was wir besser als andere überblicken konnten; wir hätten mindestens vorher mehr über die Kenntnisse und die Absichten der Politiker lernen müssen, und auch dann hätte uns eine gewisse Bescheidenheit gut zu Gesicht gestanden. Ein besserer Politiker als Adenauer sein zu wollen oder etwa später als Helmut Schmidt: darauf hatten wir keinen Anspruch.

Ich habe, wie das für einen Wissenschaftler natürlich ist, vor allem von Bedenken im Zusammenhang mit unserer Erklärung gesprochen. Solche Bedenken werden wir immer haben müssen, wenn es um die Politikberatung, um die Wissenschaft geht. Unser Beispiel liegt wieder in den USA. Dort haben Wissenschaftler, zum Teil führende Wissenschaftler, die selbst durch ihre Mitwirkung am Bau der Atombombe Geschichte gemacht haben, sich nach dem Krieg zusammengefunden und mit großem Idealismus versucht, nicht nur ihre Kenntnisse, sondern auch ihr Gewissen auf die Politiker wirken zu lassen. Dieses Unternehmen ließ sich gut an. Eine Zeitlang gab es sogar ein Büro in Washington für die Kontakte mit Politikern zur Durchsetzung der durchaus uneigennützigen Ziele der Atomic Scientists. Aber schließlich wurde nichts daraus. „Speaking to Power“ (so heißt der Titel eines

Buchs des bedeutenden Politikwissenschaftlers Aaron Wildavsky) ist nicht so einfach. Auch in Deutschland hat man nach der Göttinger eine „Vereinigung deutscher Wissenschaftler" gegründet, der es aber nie gelang, für alle Wissenschaftler zu sprechen.
Eine andere klare Aussage der Erklärung, nämlich die friedliche Anwendung der Kernenergie zu unterstützen, ist relativ lang unbeachtet geblieben. Meines Wissens hat sich keiner der achtzehn Physiker später ausdrücklich von ihr distanziert, und daß wir es nicht taten, ist allgemein mit Schweigen aufgenommen worden. C. F. v. Weizsäcker hat allerdings kürzlich einen Grund genannt, warum er ein Aufgeben der Kernenergie, die er für eine der kleineren Gefahren für die Menschheit hält, jetzt befürwortet. Er schreibt: „Ich sah, und ich sehe auch heute, die physische Gefahr der Kernenergie nur im Zusammenhang mit Gewaltakten, zumal im Krieg. ... Unterdessen hat, wenn ich richtig sehe, die Technik der Solarenergie Fortschritte gemacht, die sie als hauptsächliche Energiequelle des kommenden Jahrhunderts möglich erscheinen lassen. ... [Wenn das so ist,] trete ich nunmehr entschieden für Sonnenenergie als hauptsächliche Energiequelle ... ein." Ob die von ihm genannte Voraussetzung erfüllt wird, muß die Zukunft zeigen.
Die allgemeine Einstellung zur Kernenergie hat sich, wie man weiß, besonders bei uns und bei unseren österreichischen Nachbarn anders entwickelt. Viele, vielleicht nicht die Mehrheit, halten sie nicht für eine kleine, sondern für eine große Gefahr der Menschheit. Neuerdings hat sich daraus eine Polarisation, sogar zwischen den großen Parteien, entwickelt. Wahlprogramme und vielleicht der Ausgang der Wahlen werden davon beeinflußt. Das ist nun wirklich das Letzte, an das die achtzehn Physiker seinerzeit gedacht haben.

In einem Punkt ist allerdings eine Rückkehr zum Thema der achtzehn erfolgt. Das Schlagwort Plutonium ist in aller Munde, und nicht ohne Folgen, wie die Entwicklung in Hessen zeigt. Der wesentliche Inhalt des Schlagwortes kann aber nur sein, daß man in Deutschland Kräfte vermutet, die die friedliche Atomenergie durch Abzweigung von Plutonium zum Bau von Atomwaffen mißbrauchen wollen, entgegen allen internationalen Verpflichtungen, die die Bundesrepublik eingegangen ist, und entgegen allen bekannten Absichtserklärungen für die Zukunft. In einem Sechzig-Millionen-Volk gibt es natürlich Beispiele für alle Meinungen. Die Grünen nennen Herrn Koller, der bald Polizeipräsident in München werden soll. Aber ich glaube nicht, daß es seinetwegen deutsche Atombomben geben wird, ebenso wie ich nicht glaube, daß man aufgrund der Meinung einer einflußreichen Abgeordneten der Grünen das Absägen von Strommasten allgemein erlauben wird.

Der größte und bleibende Erfolg unserer damaligen Erklärung (ob er nun von uns mitverursacht war oder nicht) war der endgültige Verzicht auf (eigene) deutsche Atomwaffen, bis heute getragen von der Regierung, der Opposition, den Medien und der überwältigenden Mehrheit der Bevölkerung. Jetzt wird versucht, diesen Verzicht unter dem Stichwort Plutoniumwirtschaft unglaubwürdig zu machen. Daß so etwas ohne soliden Grund geschehen kann, ist ein Alptraum.

Beweisen ist nicht genug

Heinz Maier-Leibnitz

Ein Physiker in der Forschung hat es in einer Hinsicht leicht. Er braucht kaum verbale Kommunikation, außer mit seinen Kollegen und Schülern, und dazu genügt ein Jargon, gemischt aus Bildern, Zahlen und ein bißchen Grammatik. Und die Probleme sind einfach; meist merkt man schnell, ob eine Aussage richtig ist und welche Grenzen sie hat.

Wenn Wissenschaftler und Ingenieure sich mit Unternehmern oder mit Politikern beraten, ist ihr Deutsch besser, aber man kann nicht erwarten, daß ihre Sprache die gleiche ist. Was dem Physiker als Beweis gilt, muß der andere glauben oder nicht glauben. Es ist erstaunlich, daß solche Diskussionen, jedenfalls im Kreis von führenden Personen, meistens fruchtbar sind. Meist kennt man sich lange, das Vertrauen ist durch Erfahrung entstanden, und die Wissenschaftler wissen, daß sie es mit einer unvorsichtigen Auskunft aufs Spiel setzen. Die, die das getan haben, sind schon nicht mehr Angehörige dieses Kreises. Alle verstehen die Denknotwendigkeiten und die Ziele der anderen ein wenig, und auf der anderen Seite gibt es Personen, die große Menschenkenntnis und ein Gefühl für die Bedeutung von Aussagen haben. So ist ein bedingtes Vertrauen möglich, und jeder merkt bald, daß es nicht lohnt, ein Argument zurückzuhalten. Ganz wichtig ist, daß jeder zuhört, wenn der andere etwas sagt, und daß das Ergebnis aus allen Argumenten entsteht. Bei der Deutschen Atomkommission oder der Reaktorsicherheitskommission etwa war ich von diesem Verfahren sehr beeindruckt. Dumm ist, wenn alle auf ein wichtiges Argument nicht kommen, etwa weil der

Zeitgeist sie daran hindert. So war es etwa am Anfang, als alle vergaßen zu fragen: „*Wann* brauchen wir die Atomenergie?" Oder bei den Hochschulunruhen haben die hohen Beamten vergessen zu fragen: „Was machen wir kaputt, wenn wir die Professoren schwach machen?" Was ich sage, klingt vielleicht antiquiert, denn wir alle kennen fast nur öffentliche Diskussionen; man meint manchmal, daß wir vor einem Verbot aller anderen stehen. Die öffentliche Diskussion aber hat andere Gesetze. Das merkten wir zum ersten Mal bei der Erklärung der 18 Atomphysiker, wobei die öffentliche Reaktion sofort weit über unser Ziel (keine Atomwaffen in deutschem Besitz) hinausging. Wir wußten damals nichts von Kommunikation und öffentlicher Wirkung. Es rächte sich, daß viele Wissenschaftler glaubten, sie könnten durch überlegenes Nachdenken auch Probleme außerhalb ihres Fachs, etwa politische Probleme, lösen. Das kostete sie Vertrauen, und noch mehr kostete sie Vertrauen der Vorwurf neuer Kollegen, der alternativen Wissenschaftler, sie hielten sich nicht an die akademische Ethik, sie seien einseitig und beeinflußbar. Heute kann das Publikum mindestens zwei entgegengesetzte Meinungen zu jedem Problem hören. Es *kann* kein Vertrauen mehr zu den Wissenschaftlern haben, wenn es nicht weiß, zu welchen. Und in der Öffentlichkeit fehlt das Regulativ, durch das solche, die sich von der Wahrheit entfernen, ausscheiden. Es wird bezweifelt, daß es gültige Wahrheiten gebe. In der Tat ist es heute oft so, daß man darauf verzichtet, nach dem Wahrheitsgehalt von Aussagen zu fragen, wenn zum Beispiel in einem Hearing Anhänger verschiedener Richtungen zu Wort kommen.

Rolle der Wissenschaftler bei der öffentlichen Diskussion

Man kann sich auf einen extremen Standpunkt stellen und fragen: Was haben die Wissenschaftler in der öffentlichen Diskussion zu suchen? Man versteht nicht, was sie sagen, und sie verstehen nicht, was die anderen brauchen. Dies ist von der Sache her nicht so abwegig, aber die Zeiten, wo das möglich war, sind vorbei. Man sagt, der Grund sei die wachsende praktische Bedeutung wissenschaftlicher Ergebnisse bis hin zur Atombombe. Aber ich meine, die Atombombe hätten auch die Politiker allein vertreten können. Die Wissenschaftler haben sich in die Öffentlichkeit gedrängt, oder sie sind von den Journalisten in den Vordergrund geschoben worden. Ein Beispiel ist die ungeheure Popularität von Einstein in den USA in den zwanziger Jahren; es ist aber durchaus möglich, daß er nicht der erste war. Vielleicht ist Liebig ein anderes Beispiel, und vielleicht sollte man auch Francis Bacon nennen, obwohl er kein Wissenschaftler war. Bis zu Newton oder Kopernikus zurückzugehen, scheint mir nicht richtig, denn sie haben nur Auseinandersetzungen unter den Gebildeten oder mit der Kirche hervorgerufen. Auf jeden Fall sollte die öffentliche Rolle der Wissenschaftler auf das begrenzt bleiben, was sie von ihrem Fach her mit Autorität sagen können, und sie sollten die Regeln der akademischen Ethik auch in der öffentlichen Diskussion beachten, also nichts sagen, was nicht durch vielfache Kritik abgesichert ist. Dazu gehört auch, daß sie Urteile über diejenigen fällen, die die Regeln der akademischen Ethik nicht beachten.

Es besteht wohl Einigkeit darüber, daß die Wissenschaftler sich in der Öffentlichkeit insoweit rechtfertigen müssen, daß sie über ihre Arbeit berichten und sich verständlich machen, sich nicht dem Verdacht aussetzen, daß sie ein esoterischer Fremdkörper in unserer Gesellschaft sind. Nur so können sie sich auch das Vertrauen erhalten, ohne das Autorität, die sie in der öffentlichen Diskussion brauchen, nicht möglich wäre.

Ob das nun richtig ist oder nicht: Heute reden Wissenschaftler oder Ingenieure häufig über die Anwendungen ihrer Ergebnisse. Für die Anwendungen sind sie nicht allein verantwortlich, aber die Öffentlichkeit erwartet von ihnen eine Rechtfertigung gegenüber Angriffen, die auf ihre Glaubwürdigkeit und auf ihre Einstellung zu den Problemen der Gesellschaft zielen. Sie erwartet noch mehr: nämlich den öffentlichen Streit, mehr als nur die Kenntnis der Ideen, die die Wissenschaftler beitragen, oder die Warnungen, die oft nur sie als erste auszusprechen in der Lage sind. Alles soll öffentlich sein: ein weit verbreiteter Wunsch, der von interessierten Kreisen außerhalb der etablierten Wissenschaft sehr gestützt wird.

Grenzen des Rationalen in der Diskussion

Spätestens hier aber müssen wir uns ganz klar werden darüber, daß Descartes unrecht hatte, wenn er sagt, daß jedes Problem eine rein rationale und optimale Lösung habe, die man bei genügender Kenntnis durch Nachdenken finden könne. Das gilt in Wirklichkeit bei den Entscheidungen zwischen Wissenschaftlern und Ingenieuren mit Unternehmern und Politikern nicht. Aber bei öffentlichen Diskussionen, wo wir nicht einmal mit Verständnis für Behauptungen rechnen können, die wir für vollkommen wahr und sicher halten, für zwingend aus den Naturgesetzen folgend,

da muß auch der letzte Zweifel schwinden, daß Diskutieren nicht heißt, jemandem rationale Gründe oder Beweise vorzuführen. Ziel der Argumentation kann nicht sein, etwas zu beweisen: Ziel ist, den Gesprächspartner oder ein Publikum zu überzeugen. Dies ist fast immer wahr, ganz gleich, ob uns das gefällt, oder ob wir auf eine solche Art von Diskussion vorbereitet sind. Für den Naturwissenschaftler mag es ein Schock sein, zu erkennen, wie unsicher in Wirklichkeit fast alle Entscheidungen sind, weil die rein rationale Begründung nicht ausreicht. Aber er muß sich darauf einstellen, wenn er nicht auf die Teilnahme an der öffentlichen Diskussion verzichten will.
Überzeugen ist das Ziel der Argumentation, und die Argumentationslehre ist Teil von dem, was man als Neue Rhetorik bezeichnet und was vor allem von Chaim Perelman in Wiederbelebung der Rhetorik von Platon und Aristoteles theoretisch beschrieben worden ist. Der Naturwissenschaftler ist also bei der Rhetorik gelandet, und er muß, ob er will oder nicht, wenigstens etwas davon lernen; und er wird seine neuen Kollegen, die Juristen, die Ärzte, die Pfarrer, die Soziologen, die Politiker mit anderen Augen betrachten als bisher.
Rhetorik braucht man nicht nur beim Reden, sondern genauso beim Schreiben. Der einfachste Dialog, den Perelman nennt, ist der des Rhetors mit sich selbst. Er ist wichtig als Symbol, denn hier werden sicher keine Täuschungsversuche stattfinden. Ganz allgemein wendet sich der Rhetor oder der Autor eines Artikels oder eines Buches immer an ein Publikum, sei es eine Person oder mehrere, oder an seine Zuhörer, an seine Anhänger oder an seine Gegner oder, was eine etwas gefährliche Definition verlangt, an ein universales Publikum, das er nicht kennen kann, etwa an alle vernünfti-

gen Menschen. Der Rhetor versucht, sein Publikum zu überzeugen oft im Widerstreit mit Gegnern, die andere Ansichten vertreten und die zu überzeugen ihm aussichtslos erscheint. Aber natürlich haben sie Einfluß auf seine Reaktionen. Auch das Publikum hat einen Einfluß auf ihn, sei es, daß er sich vorstellt, was das Publikum denkt und will, sei es, daß dieses Beifall kundgibt. Wie so oft, hängen alle von allen ab.

Die einfache Einteilung einer Rede oder Schrift in Prämissen, Argumentation und Schlußfolgerungen stellt sich meist als ein komplexes Gewebe dar, kompliziert noch dadurch, daß die Ziele der Argumentation durch das Ergebnis der Diskussion und auch durch die Haltung des Publikums verändert werden. Oft werden die Ziele nicht ausgesprochen oder durch andere, scheinbare, ersetzt. Die Analyse einer Argumentation ist ein faszinierendes Spiel, und jeder Autor hat hier seine eigene, enthüllende Handschrift.

Schopenhauer hat hübsche Beispiele für eine eristische Argumentation gegeben, für die Argumentation mit Tricks, um Vorteile zu gewinnen. Wir sind geneigt, das Gegenteil, nämlich die heuristische Argumentation, dann zu verlangen, wenn es sich um Gegenstände handelt, wo wir durch die akademische Ethik zur Wahrheitssuche, also zur Berücksichtigung aller, auch der für uns ungünstigen Argumente, verpflichtet sind. Dies führt offensichtlich zu Schwierigkeiten bei der Diskussion mit Partnern, die solche Verpflichtungen nicht empfinden. Aber man wird wohl sagen müssen, daß eine strenge Trennung zwischen eristischer und heuristischer Argumentation nicht allgemein möglich ist. Wenn man, wie die Juristen, die Rhetorik nur nach ihrer Wirksamkeit beurteilt, dann hat die eristische Argumentation vielleicht Vorteile, wenn es um Entscheidungen geht, die bald und endgültig getroffen werden müssen. Aber sehr oft wird es so sein, daß später aus nicht einwandfreien Argumenten berechtigte Vorwürfe abgeleitet werden, die die Position des eristischen Rhetorikers entscheidend schwächen und das Vertrauen, auf das ja jede Person und jede Gruppe angewiesen ist, verringern. Es kann also günstig sein, die Maßstäbe zugunsten einer weniger aggressiven Rhetorik zu verschieben. Das gilt auch für eines der wichtigsten Mittel, das Werben für sich selbst und das Schlechtmachen der anderen. Es gilt aber leider nicht für die Weiterentwicklung der rhetorischen Techniken in Richtung auf mehr unterschwellige Einflußnahme, die nur ein sehr aufmerksamer Hörer oder Leser beurteilen kann.

Die Rhetorik und die Beurteilung der Rhetorik, beides ist zu einer Kunst geworden. Beide haben großen Einfluß auf den Erfolg der Argumentation. Wer heute redet oder schreibt, muß vielleicht mehr als früher darauf achten, daß er sich wirksam ausdrückt und darauf Rücksicht nimmt, was das Publikum aufnehmen will und aufnehmen kann. Ferner kann man seine Kontrahenten anhand ihrer Rhetorik besser verstehen und sich auf sie einstellen. Beides sind gute Gründe, mehr Rhetorik zu lernen. Aber der wichtigste Grund scheint mir zu sein, daß man auf bessere Diskussionen, bessere Information der Öffentlichkeit, bessere Entschlüsse hoffen kann, wenn mehr Personen gelernt haben, Rhetorik und ihren Mißbrauch zu verstehen und daraus ihre Schlüsse zu ziehen.

Noch ein letztes Wort zu den Medien. Wir können uns die Szene der öffentlichen Diskussion wie ein Theater vorstellen mit Zuhörern (oder Lesern) der Kontrahenten als Publikum und unter ihnen auch Journalisten. Aber die Journalisten haben ein fast vollkommenes Monopol für die Weitergabe der so entstandenen Information. Sie wählen nur wenige Prozent aus (mehr geht schon wegen der Informationsflut nicht). Ein Buch, das nicht besprochen wird, ist im allgemeinen tot. Und sie geben wertend weiter; ein Buch, das in den meinungsbildenden Medien negativ besprochen wird, ist ebenfalls tot. Und sie schreiben für ein Publikum, das lieber von schlechten Nachrichten oder von Skandalen hört als von anderem. Nimmt man dazu noch eine gute und manchmal skrupellose Kenntnis der Rhetorik, so kann das Resultat Bedenken wecken.

Akademische Ethik und Abwägen als Hilfsmittel der Entscheidungsfindung

Heinz Maier-Leibnitz

Die Menschheit braucht Wissenschaft, um die Welt zu verstehen und ihr Verhalten darauf einzurichten. Ein Land kann auf die Ergebnisse der Forschung nicht verzichten, wenn es nicht Nachteile erleiden will, denn Wissenschaft hilft, ohne daß sie mit ihrem Wirken darauf zielt, zu einem gesünderen und weniger schweren Leben und erlaubt den Menschen die Erfüllung vieler Wünsche.

Aber Wissenschaft und Technik werden heute mehr als früher öffentlich in Frage gestellt. Worum geht es? Es geht nicht mehr um die menschliche Neugierde, darum, die Welt kennen und sich schützen zu wollen. Die Zeit der Hoffnung auf große Zukunft aus Wissenschaft und Fortschritt ist vorbei. Heute regieren Emotionen, Angst, der Zweifel am Verstande; es gibt eine Verbindung mit den großen Konflikten unserer Zeit. Die Generation heute sieht nicht mehr ähnlich dringende und lohnende Aufgaben wie die Generation unmittelbar nach dem Krieg. Freiheit ist selbstverständlich. Es gibt neue Zweifel bezüglich Ost und West; Sozialwohl oder Marktwirtschaft; Gleichheit oder Leistungsanreiz; Mitentscheidung in der parlamentarischen Demokratie; Generationskonflikte. Es gibt einen Kreuzzug der Minderheiten; Studentenunruhen, Hochschulreform, Bürgerinitiativen; Demonstrationen; Gewalt.

Kernenergie als Beispiel des Kampfes um öffentliche Meinung

Mehr als je findet ein Kampf um öffentliche Meinung statt. Alles muß öffentlich sein; Politiker richten sich danach; Medien nutzen ihr Informationsmonopol. Niemand kann sich ausschließen. Jede Gruppe muß in der Öffentlichkeit sichtbar sein. Jedes Thema hat Bedeutung gemäß seinem möglichen Einfluß auf den Wähler.

Das Beispiel Kernenergie ist viel mehr Vehikel im politischen Machtkampf als ein Problem für sich. Die Diskussion findet jetzt weniger im Kreis von Wissenschaft-Technik-Wirtschaft oder Wissenschaft-Wirtschaft-Politik statt, sondern in der Öffentlichkeit. Früher diente die Diskussion der Vorbereitung von Entscheidungen, heute dient sie zuerst der Suche nach Zustimmung, nach Einfluß auf die Wähler.

Aber nach wie vor brauchen die Politiker die Wissenschaftler, wenn es darum geht, Wege und Regeln für ein blühendes Gemeinwesen zu finden und ungleiche Gefahren zu bekämpfen. Und die Verwaltung muß die Wissenschaftler bei der Durchführung ihrer Aufgaben hören, wenn es darum geht, einen zu erhaltenden oder zu verbessernden Zustand festzustellen, wenn Maßnahmen erwogen oder geprüft werden müssen. Und schließlich werden die Wissenschaftler heute mehr als je in den öffentlichen Auseinandersetzungen gebraucht, weil viele Probleme nur mit ihren Kenntnissen und mit ihrer Denkweise gelöst werden können. Im folgenden soll deshalb untersucht werden, was ihrer Wirksamkeit heute entgegensteht und was man dagegen tun kann. Dabei soll als erstes das Problem der Glaubwürdigkeit behandelt werden, denn wer nicht glaubwürdig ist, kann auch keine Wirkung haben.

Das Problem der Glaubwürdigkeit

Daß Glaubwürdigkeit, die Wissenschaftler und Ingenieure beim Publikum und in den Medien finden, in den letzten zwanzig Jahren ebenso abgenommen hat wie der Glaube an den technischen Fortschritt, ist kein isoliertes Phänomen, sondern muß im Gesamtzusammenhang einer Veränderung unseres Verhältnisses zu Politik und Gesellschaft gesehen werden und insbesondere einer Veränderung in der öffentlichen Darstellung und Diskussion.

Wir dürfen nicht nur an unsere Glaubwürdigkeit denken, wenn wir lernen wollen, was wir tun können. Natürlich müssen wir fragen: Was haben wir in der Öffentlichkeit falsch gemacht? Was können wir da tun? Aber wir müssen auch fragen: Was haben andere getan, um die heutige Situation zu schaffen? Wie ist die Akzeptanz der negativen Einstellung beim Publikum erreicht worden? Und wir müssen fragen: Was sind die Interessen des Publikums?

Wie fing es an?

Die Glaubwürdigkeitskrise bei der Kernenergie begann nicht mit der Wissenschaft, sondern damit, daß in den USA die AEC (Atomenergiekommission) sich über das Votum eines Ausschusses hinwegsetzte, der Zweifel an der Sicherheit bei einem geplanten Brutreaktor geäußert hatte. Später stellte sich heraus, daß die AEC recht hatte, aber in den Medien entstand ein Aufruhr, der nicht mehr zu reparieren war.

Auch bei uns war der Anfang nicht gegen die Wissenschaft gerichtet, sondern, diesmal wegen der Atombombe, gegen die Regierung. Nach einer unvorsichtigen Äußerung Adenauers erklärten die 18 Atomphysiker nicht nur, daß die Bombe sehr gefährlich sei, sondern auch, daß ein kleineres Land wie die Bundesrepublik nicht die Verfügung über Atomwaffen anstreben sollte. Mit der letzteren Aussage überschritten sie die Grenzen ihrer wissenschaftlichen Kompetenz. Das hinderte nicht, daß ihnen (uns, denn ich war einer der 18) eine ungeheure öffentliche Zustimmung zuteil wurde. Aber von da entstand eine ganz andere Entwicklung, die zu den Ostermärschen und dann zu den Zweifeln an der Kernenergie führte.

Die Zweifel an der Wissenschaft begannen mit dem Zweifel an den Professoren, die seit Anfang der sechziger Jahre genährt wurden und im Zusammenhang mit den Unruhen an den Hochschulen 1968 ihren Höhepunkt erreichten. Das in der Öffentlichkeit große Ansehen der Wissenschaft zu vernichten, war notwendig, weil man die geplanten Reformen rechtfertigen und durchsetzen wollte. Und das ist weitgehend gelungen, nicht zuletzt durch Opportunismus von Politik und Verwaltung, die sich beeilten, dem Zeitgeist nachzulaufen und neue Gesetze und Strukturen einzuführen.

Auch der technische Fortschritt hat ganz ohne Wissenschaft begonnen. Die industrielle Revolution fand ohne sie statt. Francis Bacons Behauptung, die Wissenschaft müsse und werde der Erleichterung des Loses der Menschen dienen, blieb lange beinahe eine Leerformel, bis zum neunzehnten Jahrhundert, wo die Namen Faraday, Siemens und dann vor allem Liebig den Einbruch der Wissenschaft in die Technik markieren. In unserem Jahrhundert ist die Anwendung wissenschaftlicher Ergebnisse für technische Entwicklungen immer wichtiger geworden. Es ist richtig, wenn man sagt, daß die Geschwindigkeit, mit der die von uns selbst geschaffenen Lebensbedingungen sich ändern, tatsächlich an den raschen Fortschritt der Wissenschaft gekoppelt ist. Das gilt sowohl für den Fortschritt wie für die Bekämpfung der Nachteile, die mit technischen und organisatorischen Neuerungen verbunden sein können und nur durch besondere, meist erneut wissenschaftliche Bemühung erfordernde Maßnahmen zu vermeiden oder abzustellen sind. Die Einwände gegen den Fortschritt richten sich also gegen die, die den schnellen Fortschritt bewirken, womit vor allem die Wirtschaft mit ihrem Bestreben, neue Produkte zu verkaufen, in Blick genommen wird. Die Wissenschaft wird nur insofern genannt, als durch sie die neuen Produkte möglich werden.

Das Meinungsklima heute

Wieweit die Geschwindigkeit der Veränderung die Menschen heute beunruhigt, ist schwer zu sagen. Die demoskopische Frage: „Ist der technische Fortschritt ein Segen oder ein Fluch?“ wird heute viel seltener positiv beantwortet als früher. Aber wenn man nach Berufen oder nach Menschen sucht, die tatsächlich unter dem Fortschritt leiden, findet man wenig Spektakuläres, nicht genug für eine Unterdrückung des allgemeinen Bewußtseins, daß es uns auch dank der Technik heute insgesamt viel besser geht, und daß sehr viele der neuen Produkte gern angenommen werden. Die Fortschrittsfeindlichkeit ist vielleicht mehr eine Angelegenheit der Intellektuellen als der gesamten Bevölkerung, und die Zahl derer, die sich selbst einem einfacheren, weniger von der Technik geprägten Leben zuwenden, ist nach wie vor gering.

Wesentlich größere Bedeutung hat eine Bewegung weg von Forderungen an sich selbst, an besondere Leistung und Einordnung, gegen fremde Autorität im Betrieb und vor allem gegen die der Obrigkeit, auch bei öffentlichen Anliegen. Charakteristisch ist der große Erfolg der Bürgerinitiativen mit dem Bestreben, überall als Minderheit Einfluß zu nehmen, das gilt auch für ihre Nachfolger, die *GRÜNEN*.

Das ist der Hintergrund für die öffentliche Diskussion. Seit der Abwendung der SPD von Helmut Schmidt und dem Aufstieg der sogenannten Friedensbewegung ist daraus auch eine politische Polarisation geworden, was den Problemen ihre Bedeutung für die Machtkämpfe der Parteien gibt.

Man sollte denken, daß die Kernenergie und auch die heutige Umweltdebatte dabei ein Nebenschauplatz sind. Das ist aber offensichtlich nicht der Fall. Der Grund kann nicht in ihrer tatsächlichen Bedeutung liegen. Die Kernenergie ist eine brauchbare Alternative für die Energieversorgung und allenfalls eine der kleineren Gefahren für die Menschheit (C. F. v. Weizsäcker). Die Bemühungen um eine reinere Biosphäre und um die Erhaltung der Landschaft und der Tier- und Pflanzenarten sind im vollen Gange und nur in ihren Details strittig. Der Grund für die besondere Hervorhebung kann nur sein, daß es für diese Themen mehr Aufmerksamkeit gibt als für andere, daß Ängste angesprochen werden, daß man an Werte appellieren, Emotionen wecken, Mißtrauen schüren kann. Die eigentliche Wirkung wird dann auch auf die anderen großen Felder übergreifen, von denen wir sprachen. Bei der Kernenergie allerdings geht es immer auch darum, ob und in welchem Umfang sie weitergeführt werden soll und durch welche Maßnahmen oder durch welche anderen Energiearten ein Verzicht auf sie möglich sein könnte.

Wo tritt das Problem der Glaubwürdigkeit auf?

Die Glaubwürdigkeit ist also der Hintergrund für unser Thema. Wo tritt nun das Problem der Glaubwürdigkeit auf? Zunächst natürlich da, wo Entscheidungen vorzubereiten sind und wo diejenigen zusammentreffen, die dafür Verantwortung zu übernehmen haben, und alle, deren Kenntnisse, Ideen, Warnungen eingebracht werden müssen als Material für die notwendige Diskussion. Dabei muß auch in die Betrachtung einbezogen werden, welche Aufnahme die möglichen Entscheidungen in der Öffentlichkeit finden werden, deren Reaktionen — ob sie nun von Mehrheiten oder von Minderheiten getragen werden — heute größten Einfluß auf die Durchführbarkeit von Entscheidungen haben. Hier erhält das Problem der Glaubwürdigkeit entscheidende Bedeutung. Wir müssen uns also vor allem mit der öffentlichen Diskussion beschäftigen.

Um wessen Glaubwürdigkeit geht es? Im Prinzip natürlich um die aller, die auf die zu treffenden Entscheidungen direkt oder indirekt Einfluß haben. Aber merkwürdigerweise konzentriert sich die Diskussion über Glaubwürdigkeit vor allem auf die Wissenschaftler, Fachleute oder Experten. Deshalb soll davon in erster Linie die Rede sein.

Ein Laie fühlt sich heute unsicher, wenn er mit widersprüchlichen Aussagen von Wissenschaftlern, von „Experten" der verschiedensten Provenienz konfrontiert wird. Das ist nur natürlich, denn er kennt nicht die vielen Gebiete von Wissenschaft und Technik, um die es heute geht. Aber das ist nur der kleinste Teil des Problems. Die wissenschaftlichen Aussagen stehen nur am Rande einer Auseinandersetzung um die Zukunft unserer Staatsform, um die Art von Leben, die uns bevorsteht.

Allgemein geht es gegen den Vorrang rationaler Argumente. Werte und Emotionen werden betont. Die Diskussionen sind weit mehr als früher öffentlich, Ideologie, Interessen und Politik spielen herein. Dazu kommt etwas, was mindestens dem Umfang nach neu ist, nämlich eine Spaltung der Wissenschaftler selbst in eine Mehrheit, die die alten Standards bei der Auswahl der Forschungsgebiete und bei der Wahrheitssuche beachtet, und, in einem deutlichen Gegensatz zu diesen „klassischen“, die „alternativen“ Wissenschaftler, die diese Standards gewissen Zielen außerhalb der Wissenschaft unterordnen. Die Gangart ist hart, Verdächtigungen sind an der Tagesordnung. Dies ist der Kontext, in dem wir Fachaussagen betrachten müssen, und hier müssen wir mehr als das rein Fachliche, mehr als nur einzelne Aussagen betrachten; wir müssen Maßstäbe für ein Urteil über Glaubwürdigkeit suchen.

Glaubwürdigkeitskriterien für Laien

Wie kann ein Laie Expertenaussagen beurteilen? Natürlich kann er die wissenschaftliche Fachsprache nicht verstehen. Die Art, wie in Gremien, aber häufig auch in der Öffentlichkeit der Hörer oder Leser mit unerklärten Fachausdrücken eingedeckt wird, ist auf jeden Fall Unfug. Aber auch wenn ein Autor sich bemüht, sich allgemeinverständlich auszudrücken, kann der Laie den wissenschaftlichen Gedankengängen kaum so folgen, daß er sie von der Sache her beurteilen kann. Trotzdem kann man einem Text oft ansehen, ob man dem Autor vertrauen darf. Ich zitiere Regeln, die zum Teil von Wolfgang Wild stammen und deren Erprobung ich empfehle. Die erste lautet:

- Achte darauf, wie der Autor seine Themenwahl rechtfertigt und ob er dabei etwa Argumentationsfehler macht. Das deutet darauf hin, daß oft schon die Wahl des Gegenstandes Einseitigkeit erkennen läßt. Es folgen mehrere Regeln, die die Darstellung betreffen:
- Achte darauf, ob du mit den Prämissen einverstanden bist, und auch darauf, ob sie nicht schon das Ziel der Argumentation vorwegnehmen.
- Untersuche die Argumentation, um den Autor und seine Ziele besser zu verstehen.
- Versuche festzustellen, wovon der Autor überzeugen will und ob er das offen sagt.

Die Vorwegnahme des Ziels der Argumentation – die berühmte Petitio principii – gilt als einer der schwersten Fehler in der Rhetorik; sie ist aber heute so häufig, daß man geradezu von einer erfolgreichen Technik sprechen muß. Ich gebe ein Beispiel aus der Diskussion des Risikos bei Kernkraftunfällen: „Wir haben von einer großen Zahl eine kleinere abgezogen. Jetzt hofft der eine, wir seien nahe bei Null gelandet, der andere fürchtet, wir seien nach wie vor nahe bei ‚Unendlich'." Die große Zahl ist das Restrisiko. Beweisen will der Schreiber, daß das Restrisiko groß ist. Er beweist nicht, daß es groß ist, aber das erscheint nach dem, was er schreibt, selbstverständlich.
Das Verschweigen der wahren Ziele ist heute häufig und aufschlußreich.
Es folgen Kriterien für die fachlichen Aussagen des Autors:

- Nimm nur Experten ernst, die die Sicherheit der eigenen Aussagen kritisch analysieren und begründete Fehlergrenzen angeben.

- Ist die Messung in Übereinstimmung mit anderen? Ist sie nachgeprüft, bestätigt, unter Fachleuten anerkannt?

Dies sind selbstverständliche Forderungen, aber die sorgfältige Prüfung rationaler Aussagen (die ja nicht selbstverständlich richtig sind) findet in den Darstellungen, vor allem in den Medien, fast nie statt. Vielleicht kann sie dort aus Zeit- und Platzgründen nicht oft gebracht werden. Um so mehr ist es nötig, daß sie mindestens unter den Fachleuten stattfindet, ehe man die Öffentlichkeit damit beunruhigt.

Meist kann ein Laie eine einzelne Aussage nicht beurteilen. Er muß Vergleiche suchen, deshalb die Regeln:

- Suche zu jedem Problem verschiedene Darstellungen, und wo du kannst, verlange von den Experten und von den Medien, daß sie sich um alle wichtigen Meinungen und Analysen bemühen und sie veröffentlichen.
- Prüfe, oder stelle Fragen dahingehend, ob die Aussage durch andere gestützt ist oder ob sie dem etablierten Stand des Wissens widerspricht.
- Ist der rationale Beitrag zu einer Diskussion vollständig im Sinne, daß es nicht andere rationale Aussagen gibt, die seine Bedeutung für die Diskussion entwerten?

Ein Beispiel für den Widerspruch zu etablierten Kenntnissen ist die wiederkehrende Feststellung, Plutonium strahle nicht nur, sondern sei eines der gefährlichsten Gifte. Plutonium ist kein besonderes Gift im chemischen Sinn. Die „Giftigkeit" ist die Strahlenwirkung. Radium strahlt bei gleicher Menge deutlich mehr als Plutonium.

Bisher sprachen wir von der Glaubwürdigkeit von Aussagen. Natürlich muß auch etwas darüber gesagt werden, ob der Experte als solcher glaubwürdig ist:

- Erkunde die wissenschaftliche Reputation von Experten, und räume einem international angesehenen Wissenschaftler einen Vertrauensvorschuß ein. Also: Ein Nobelpreis hilft. Aber natürlich kann auch ein Nobelpreisträger irren, und weil das schon vorgekommen ist, versuchen die Gegner, alle Wissenschaftler immer als unglaubwürdig darzustellen.
- Wenn jemand die Glaubwürdigkeit einer Aussage in allgemeiner Weise anzweifelt, etwa indem er den Autor als in Interessen befangen erklärt, oder überhaupt die Möglichkeit, die Wahrheit zu finden, leugnet, dann muß man sich fragen, woher er seine eigene Legitimation, seinen eigenen Anspruch auf Glaubwürdigkeit nimmt. Auch dies ist eigentlich selbstverständlich. Daß auf dieses Kriterium so selten geachtet wird, hat damit zu tun, daß die Zweifler an der Wissenschaft unerschütterlich von der Richtigkeit ihrer eigenen Haltung überzeugt sind und daß Zweifel *daran* in den Medien selten geäußert werden.
- Ferner: Wenn von Wissenschaftlern an Hochschulen oder unabhängigen Forschungseinrichtungen oder über sie Aussagen gemacht werden, versuche zu erkennen, ob sie sich an die akademische Ethik gebunden fühlen.

Die akademische Ethik

Die akademische Ethik ist ein entscheidendes Glaubwürdigkeitskriterium. Sie schreibt jedem Wissenschaftler vor, daß er die Wahrheitsliebe als erstes Maß seines Handelns betrachten muß. Wer glaubt, daß es in seinem Fach keine absoluten oder sicheren Wahrheiten gibt, muß sagen „so wahr wie möglich". Der Wissenschaftler muß selbst als erster an der Wahrheit von dem, was er findet oder sagt, zweifeln, muß Kritik und Gegenargumente suchen und berücksichtigen, die Beiträge seiner Fachgenossen ebenso anerkennen wie seine eigenen. Er muß alles sagen, was er weiß. Etwas zurückzuhalten, weil es gegen die eigene Argumentation wirken könnte, ist eine große Sünde. Wer für Forschung und Lehre an einer Hochschule Wirkungsmöglichkeiten und Freiheit bekommt, darf sich nicht durch eigenes Interesse oder etwa durch politische Überzeugung in seiner Wahrheitssuche beeinflussen lassen.

Das sind ungewöhnlich strenge Forderungen, die es in den meisten anderen Berufen nicht gibt. Die Wahrheit sagen zum Beispiel heißt fast überall, daß das, was man sagt, nicht falsch ist, nicht, daß alles, was man weiß, aber nicht sagt, damit übereinstimmt. Es ist vielleicht kein Wunder, wenn viele es für unwahrscheinlich halten, daß jemand so selbstlos einem reinen Wahrheitsbegriff nachjagt. Wenn man ihn als Heuchler anklagt, wird das in der Öffentlichkeit auf Verständnis stoßen. Genau das ist bei uns in Deutschland geschehen, als im Zuge der Studentenunruhen die vordem recht unbestrittene Autorität der Professoren abgebaut werden sollte. Aber da gab es eine Schwierigkeit: Wer als Wissenschaftler und Hochschulangehöriger an der Wahrheitsliebe und Uneigennützigkeit prinzipiell zweifelt, kann sich selbst nicht ausschließen. Er muß ein eigennütziges oder durch nichtwissenschaftliche Werte bestimmtes Verhalten für legitim erklären. Und damit hat er sich von den Wissenschaftlern alter Art getrennt. Bei uns in Deutschland sind die alternativen Wissenschaftler, jedenfalls die, die man als den harten Kern bezeichnen könnte, keine Angehörigen der Gelehrtenrepublik, die durch Anerkennung der akademischen Ethik gekennzeichnet ist.

Wissenschaftliche Erkenntnisse sind wertlos, wenn nicht schon ihr Entdecker sich der Mühe, an ihnen zu zweifeln, unterzogen hat oder, wenn es Einwände gibt, diese verschweigt. Für Wissenschaftler ist das wie lügen und viel schlimmer, als wenn ein Autor sich irrt. Unfehlbar ist dennoch niemand; auch große Wissenschaftler haben sich oft geirrt.

Die akademische Ethik ist für Wissenschaftler ein Wert, sie motiviert für unser Handeln und die Beurteilung anderer Wissenschaftler. Aber diese Grundhaltung ist in anderen Berufen wenig üblich, so daß wir damit rechnen müssen, daß man uns ungläubig betrachtet und man es als überheblich empfindet, wenn wir von anderen ein ebensolches Verhalten verlangten. Wenn das, was einer sagt, wahr ist, muß das fast überall genügen; er muß nicht alles sagen, was er weiß, auch wenn es gegen seine erste Aussage sprechen würde. Aber von einem Wissenschaftler verlangen wir mehr.

Ich gebe zu, daß wir Wissenschaftler selten öffentlich zugeben: Du hältst dich nicht an die akademische Ethik. Die heutigen Diskussionen sind unangenehm genug, auch wenn wir es vermeiden, uns zu verletzen. Aber was mir wichtig erscheint, ist, daß auch ein Nichtfachmann sehr oft erkennen kann, ob ein Redner oder Autor sich an die akademische Ethik hält. Ich habe den Eindruck, daß das Publikum dies als ein Kriterium für die Glaubwürdigkeit von Wissenschaftlern anzuerkennen bereit ist.

Wir sollten uns hüten, alle, die wir oder die sich als alternative Wissenschaftler betrachten, über einen Kamm zu scheren. Wir kennen liebenswerte Kollegen, die schöne Arbeiten gemacht haben, aber eines Tages anfangen, Dinge zu sagen, die einfach nicht stimmen, etwa weil sie einen unerlaubten Sprung in der Argumentation machen. Solches häuft sich, und nach einigen Versuchen, sich zu verständigen, erlischt die Möglichkeit, über diese Dinge mit ihnen zu diskutieren, und sie gehen ihre eigenen Wege. Ich sehe nicht, was man in solchen Fällen tun kann. Für die Öffentlichkeit liegt hier ein Problem. Man sieht den Dissens, aber man sieht auch, daß es in diesen Fällen keine Diskussion gibt. Für die Glaubwürdigkeit der Wissenschaft ist das ein großer Schaden.

Für diejenigen, die vielleicht meinen, ich verträte einen puristischen Standpunkt und es gebe mehr Ausnahmen von unserer Regel als Beachter, sei noch angemerkt, wie beeindruckt ich immer wieder bin, wenn ich mit Wissenschaftlern aus den Bereichen der Entwicklung von Kernanlagen, Reaktorsicherheit und Strahlenschutz spreche: So viele Bedenken, wie ich dort zu hören bekomme, erfahre ich von den Gegnern nie. Allerdings erfahre ich ebenso, was im Einzelfall gegen die Gefahren getan wird. Ich glaube, der Laie macht sich keine Vorstellung, wie groß die jahrzehntelange internationale Anstrengung war, die Reaktoren und angegliederte Anlagen sicher zu machen. Das Niveau der öffentlichen Einwände läßt davon kaum je etwas erkennen. Auch das ist ein Glaubwürdigkeitskriterium.

Zum Schluß unserer Betrachtung über die Glaubwürdigkeit der Wissenschaftler sei die Frage erlaubt, warum eigentlich nur ihre Glaubwürdigkeit betrachtet werden soll. Alle, die Entscheidungen treffen oder auf sie einwirken, müssen sich die Frage nach ihrer Glaubwürdigkeit gefallen lassen, nach Kriterien, die mindestens in ihrem Beruf gelten oder gelten sollten. Daß davon kaum gesprochen wird, gehört zu den unerklärlichen Besonderheiten der öffentlichen Diskussion.

Die Kompetenz der Experten
Verständnis für andere

Wolfgang Wild, von dem einige der schon zitierten Regeln stammen, hat noch zwei weitere angegeben:

- Vertraue am ehesten demjenigen Experten, der niemandem nach dem Mund redet, in dessen Gutachten sich sowohl Aussagen finden, die dir, wie solche, die deinem Kontrahenten gefallen.
- Prüfe, ob die Aussage eines Wissenschaftlers das Fachgebiet betrifft, auf dem er Kompetenz besitzt.

Das erste davon bedeutet die Forderung nach Unabhängigkeit des Urteils. Man muß sich allerdings vor solchen hüten, die Unparteilichkeit vorschützen, indem sie bei Unwichtigem beide Seiten sehen, um dafür das, worauf es ihnen ankommt, einzuschmuggeln. Und man muß wissen, daß auch ein selbständiger Denker irren kann.

Die zweite Regel hat grundsätzliche Bedeutung. Hier wird ungeheuer viel gesündigt. Wenn etwa ein theoretischer Physiker erklärt, er könne leicht erkennen, daß das SDI-Programm unmöglich erfolgreich sein könne, muß er sich fragen lassen, wieso wirkliche technische Experten, ohne die kein Staatschef wichtige Beschlüsse faßt, anderer Meinung sein konnten.

Das kann aber nicht bedeuten, daß der Wissenschaftler stumm sein muß, sobald nicht von seinem engen Fachgebiet die Rede ist. Jede Entscheidung und auch jede Meinungsbildung beruhen nicht nur auf Aussagen aus einem Fach, sondern aus vielen, und dazu gehen wirtschaftliche, rechtliche, politische und soziale

Gesichtspunkte ein. Das ist unbestritten, aber ganz sicher ist es nicht so, daß jeder als Vertreter seines Fachs seine Aussage macht, und zum Schluß spuckt ein Computer die aus allen Aussagen folgernde Lösung aus. Meinungsbildung und Entscheidungen entstehen in einer Diskussion, in der jeder aus allem, was er hört, sich ein Bild macht, davon spricht, wieder lernt, zugleich mit allen anderen, bis ein Entschluß gefaßt werden kann. Von diesem Prozeß sollte, so glauben wir, auch ein Wissenschaftler nicht ausgeschlossen werden, auch wenn ihm dabei Bescheidenheit anzuraten ist.

Noch etwas muß gesagt werden: In einem Gremium, einer öffentlichen Diskussion oder bei einer Auseinandersetzung, die durch Veröffentlichungen geführt wird, kann man nicht zwanzig Vertreter verlangen, damit alle speziellen Fachkenntnisse repräsentiert werden. Einer muß für mehrere Fächer sprechen können. Eine gewisse Universalität wird auch bei den Wissenschaftlern verlangt, mit Recht und aus Notwendigkeit. Und sie ist möglich unter einer Bedingung, die zum Glück genügend oft erfüllt ist: Der Fachmann eines Gebiets muß Kollegen eines anderen Gebiets fragen können und dabei sicher sein, daß er vollständige Antworten ohne jede Vorbehalte erhält. Eines der größten Glückserlebnisse, die unsereiner haben kann, ist zu sehen, wie ehrlich und offen die bedeutenden Wissenschaftler der Welt über ihr Fach hinaus miteinander umgehen. Sie können sich erstaunlich gut untereinander verständigen, kritisieren und belehren sich rückhaltlos. Das ist etwas, was der Laie wissen muß und wahrscheinlich auch merken kann. Für die Glaubwürdigkeit nicht nur, aber besonders der wissenschaftlichen Teilnehmer einer Diskussion ist das ein wichtiger Punkt:

- Achte darauf, ob ein Wissenschaftler in der Diskussion seine Gesprächspartner versteht und auf ihre Argumente einzugehen fähig ist, ohne sich eine falsche Autorität anzumaßen.

Wenn dies nicht so wäre und wenn nicht überhaupt jeder Teilnehmer eines Gesprächs oder einer schriftlich geführten Auseinandersetzung die anderen einigermaßen verstehen würde, dann wäre eine fruchtbare Diskussion gar nicht möglich.

Forderung nach lückenloser Information und Analyse

Für eine gute Diskussion gibt es allerdings noch eine Bedingung, die wichtig ist. Oft treten Fragen aus einem Fach auf, die noch nicht beantwortet sind, etwa über die zu erwartenden Kosten eines Ausstiegs aus der Kernenergie unter bestimmten Bedingungen. Alle, die sich mit dem Gefühl einer allgemeinen Verantwortung an einer Diskussion beteiligen, müssen verlangen, daß diese Fragen bearbeitet und öffentlich zugänglich gemacht werden. Dies ist eine ernste Forderung, die ich an dieser Stelle betonen möchte. In der Öffentlichkeit zu schweigen oder schon vorher Untersuchungen zu unterlassen, aus Furcht, man könne sonst in der Öffentlichkeit Nachteile erleiden, ist ein verhängnisvoller und leider häufiger Fehler.

Die National Academy in Washington hat es sich zur Gewohnheit gemacht, für alle Fragen, bei denen es kontroverse Ergebnisse gibt und wo öffentliches Interesse an der Klärung besteht, einen Ausschuß einzusetzen, der das Problem studiert und seine Ergebnisse veröffentlicht. Alle fünf Tage erscheint ein solcher Bericht; dabei werden viele Probleme jahrelang verfolgt.

Nicht immer sind alle Mitglieder einig, aber man hat wenigstens die Basis für eine ausgewogene Meinung innerhalb gewisser Grenzen.

Der rationale Anteil

Bei der Argumentation muß man berücksichtigen, daß rationale Argumente oft in der Öffentlichkeit nicht ankommen, weil das Publikum ihnen nicht folgt. Man kann nichts beweisen, man kann in Fachfragen nur in Metaphern und in Analogien reden, und man ist ganz darauf angewiesen, daß das Publikum dem Rhetor Vertrauen schenkt und daß es zu seinen Gunsten annimmt, daß er es nicht hintergehen will. Von daher gewinnen die Frage der Glaubwürdigkeit und die Bemühung, sie zu erschüttern, ein besonderes Gewicht.
Es gibt viele Schwierigkeiten dieser Art. Eine davon ist, daß das Publikum mit Zahlen wenig anfangen kann. Beim Fernsehen muß man Zahlen vermeiden, weil die Zuschauer abschalten. Als im Kernkraftwerk Hamm eine kleine Menge Radioaktivität frei wurde, gelang es, daraus bei uns und vor allem auch im Osten eine bedeutende Sache zu machen, weil man dem Publikum verheimlichte, daß eine große Zahl von Becquerel, über viele Quadratkilometer verteilt, nur eine sehr kleine Zahl pro Quadratmeter erbringt.
Es gibt viele krasse Beispiele für das oft absichtsvolle Weglassen von Zahlenangaben. Als etwa bei Nukem während des Wahlkampfs in Hessen Plutonium von einer unbekannten Probe frei wurde, konnte man aus den frühen Pressemeldungen zwar erfahren, wie viele Personen exponiert waren: Ihre Zahl wurde später höher angegeben als am Anfang, aber man konnte nicht erfahren, ob sie eine tödliche Dosis oder ein ganz un-

bedenkliches Hunderttausendstel davon abbekommen hatten. Oder: Eine Aussage wie „Dioxin kann Krebs erzeugen" bedeutet eine unbeschränkte Gefährlichkeit auch kleinster Mengen.

Die Frage „Was ist ungefährlich?" kann praktisch nicht befriedigend beantwortet werden, wenn auch bei sehr kleinen Strahlendosen noch die Möglichkeit der Krebsentstehung besteht, wenn auch nur mit sehr geringer Wahrscheinlichkeit, zum Beispiel einmal auf 10 Millionen Einwohner. Es gibt in vielen Ländern Angaben über Grenzdosen, unterhalb derer man die Strahlung als „unbedenklich" bezeichnen darf. Das bedeutet aber natürlich nicht, daß man darunter überhaupt keine Krebsfälle mehr erwarten muß. Dazu kommt, daß es im allgemeinen zusätzlich zu der Definition des Grenzwertes eine Minimalisierungsforderung gibt. Das heißt, daß die Entscheidenden auch eine Unterschreitung dieses Grenzwertes anstreben sollen, wenn das mit vernünftigen Mitteln (etwa indem belastete Milch oder Fleisch aus dem Verkehr gezogen werden) möglich ist. Wenn also jemand die Bezeichnung „praktisch unschädlich" oder eine ähnliche Formulierung gebraucht, setzt er sich Vorwürfen aus, die in Einzelfällen bis zur Strafanzeige gegen einen Minister geführt haben.

Der Umgang mit Wahrscheinlichkeiten ist großem Mißbrauch ausgesetzt. Wir fahren Auto, obwohl wir wissen, daß ein Prozent unserer Mitbürger durch Autounfälle ums Leben kommt. Aber daß durch Tschernobyl tausendmal weniger von ihnen Krebs bekommen, wird als eine große Gefahr bezeichnet. Ein großer Reaktorunfall ist ein schwerer Schaden für die nähere Umgebung. Die nähere Umgebung, das sind einige Millionstel der Erdoberfläche. Für den Rest der Welt sind Schäden durch den Unfall nicht nur nicht

nachweisbar, sondern auch bei pessimistischer Betrachtung seltener als die Folgen fast aller anderen Gefahren, denen die Menschheit ausgesetzt ist.
Die Amerikaner haben damit angefangen, für sehr seltene Stör- oder Unfälle Wahrscheinlichkeiten anzugeben, etwa ein Unfall innerhalb von einer Million Jahren. Das ist vielleicht eine richtige, aber keine nützliche Aussage. Innerhalb von einer Million Jahren, das kann morgen sein. Und ein Zweites: Wer kann sich so eine kleine Wahrscheinlichkeit vorstellen? Hat nicht jener Philosoph recht, der sagt, auch kleine Wahrscheinlichkeiten dürfe man nicht als eine Minderung der Gefahr betrachten, denn wenn der Unfall da sei, sei er wirklich? Natürlich hat er nicht recht, aber das hilft auch nichts.
Soviel zu den rationalen Argumenten in einer Diskussion. Sicher ist, daß der Wissenschaftler mithelfen muß, dem Rationalen seinen angemessenen Platz in der Diskussion zu sichern. Wenn er das nicht tut, ist er als Wissenschaftler unglaubwürdig. Dies ist ein Punkt, wo alle Wissenschaftler — unabhängig von ihren Wertvorstellungen — Verbündete sein müßten, wo aber auch ein Laie oft ein Urteil darüber fällen kann, wer dem Rationalen Gewicht gibt.
Soweit geht es um die Bewertung wissenschaftlicher Aussagen, wobei mit dem Beispiel Auto auch schon ein Vergleich angeführt wurde. Damit ist das Rationale anscheinend schon überschritten: Ich dachte, Tod durch Unfall und Tod durch Krebs seien für den Vergleich äquivalent, aber mein Briefpartner bestritt das. Er sagte, es käme nicht auf die Zahl der Toten an, sondern auf die Art von Leben, das alle führen müßten, wenn wir die Kernenergie nicht aufgäben. Bei Vergleichen muß man also vorsichtig sein; sie haben eine irrationale Komponente.

Heute gibt es alternative Wissenschaftler, die ihren etablierten Kollegen die Autorität bestreiten und zudem den Anspruch erheben, daß sie selbst edlere Ziele verfolgen. Dies hat zu einer ungewohnten Schärfe, aber auch zu einer großen Bedeutung der öffentlichen Diskussion geführt; wir müssen uns in ihr so verhalten, daß beim Publikum keine berechtigten Zweifel an unserer Glaubwürdigkeit entstehen können.
Wenn einer etwas sagt, der eine andere Richtung vertritt, darf mein erstes Bestreben nicht sein: Wie kann ich ihn bekämpfen, öffentlich bloßstellen? Die erste Frage muß sein: Was ist gut an dem, was er sagt, was will ich lernen und öffentlich anerkennen? Und damit erhält die zweite Frage viel mehr Gewicht: Was muß ich trotzdem mit allen Mitteln verteidigen?
Natürlich wäre es utopisch zu glauben, jemand könne ganz frei von Bindungen an Interessen oder Ideologien sein. Ich gebe ein Beispiel für eigene Voreingenommenheit: Ich bin ein Anhänger des Slogans von Feodor Lynen: „Es darf mehr geleistet werden." Daß alle Menschen gleich sein sollen oder daß man die Begabten so lange zurückhalten soll, bis alle anderen ebensoviel können wie sie, so etwas widerstrebt mir zutiefst, obwohl andere in meiner Haltung eine Verachtung meiner Brüder sehen.

Die Rolle von Werten und Emotionen

Daß die Grenzen des Rationalen überschritten werden, zeigt sich vielerorts. Früher gab es rationale Diskussionen, soweit möglich. Heute spielen Emotionen eine immer größere, sozusagen offizielle Rolle. Werte stehen im Vordergrund und moralische Ansprüche von Minderheiten.

Aber hier muß ich ein Fragezeichen einfügen, das für mein Thema wichtig ist: Es war immer schon so, daß das Rationale für Entscheidungen nicht ausreichte. Ein Konsens muß auch Wertvorstellungen einschließen. Heute geht es darum, den rationalen Anteil wenigstens zu erhalten.

Auch wir Wissenschaftler haben Werte, die uns aufregen. Die Wahrheitsliebe, der Versuch, anderen zuzuhören, von allem zu lernen, das sind Werte, für die ein Wissenschaftler leidenschaftlich eintreten wird. Ein anderer Bereich, der ihn besonders berührt, ist die Rolle der Wissenschaft für das, was durch die Verfälschung des Begriffs Fortschritt heute schlechtgemacht wird. Es wird immer ungezählte Probleme geben, deren Lösung allen notwendig erscheint, und für sehr viele von ihnen ist ohne Wissenschaft keine gute Lösung möglich, auch keine gute Diskussion, auch nicht die Vermeidung von Nachteilen und Nebenfolgen. Wir sind Wissenschaftler geworden, weil wir die Kenntnis in der Welt vermehren wollen. Und dieses Ziel wollen wir verteidigen, auch wenn es in der Öffentlichkeit von manchen angegriffen wird.

Wissenschaftler haben das Recht und die Pflicht, wie jeder andere Bürger auch und mit demselben Gewicht über Probleme Meinungen zu haben, uns Gruppen anzuschließen, etwa die Demokratie zu verteidigen oder die Meinung der Regierung in Energiefragen für richtig zu halten, oder die Gefahren, die es in der Dritten Welt zu bekämpfen gilt, zu nennen. Die Idee, daß wir in der Öffentlichkeit als wertfreie Automaten für Auskünfte und Ideen verfügbar sind, hilft niemandem weiter. Das war schon immer so. Wahrheitsliebe und Kenntnisse haben Einfluß auf die Emotionen in anderen Gebieten, aber sie können und sollen sie nicht verhindern.

Vieles von dem, was wir hier sagen, gehört zur Rhetorik: Ich meine mit diesem Wort das, was ich von dem polnisch-belgischen Philosophen und Juristen Chaim Perelman gelernt habe und was er die Neue Rhetorik nennt: kein Mittel, um schön zu reden oder in der Diskussion um jeden Preis Vorteile zu erringen, sondern ein Mittel, in all den vielen Fällen, wo das Rationale zu eindeutigen Entscheidungen nicht ausreicht, dennoch zu möglichst guten Entscheidungen zu kommen. Entscheiden hat zur Voraussetzung, daß die, auf die es ankommt — und das ist heute mehr als je das Publikum (oder vielmehr die, die auf die Information des Publikums Einfluß haben, also vor allem die Journalisten) —, vorher überzeugt werden. Ja, überzeugt werden genügt nicht; sie müssen motiviert werden. Ihr Wille muß mit ihren Werten in Einklang stehen. Werte und Emotionen kann und soll man nicht bei Entscheidungen auszuschalten suchen. Wir müssen aber die Bemühung unterstützen, und da kann die Rhetorik entscheidend helfen, daß die Werte durch alles, was wir gelernt haben, auch durch das Rationale, geläutert werden. Dies ist die Voraussetzung für Glaubwürdigkeit im besten Sinne.

Wir betrachten nicht nur das Reden, sondern vor allem auch das Schreiben, das meist wirksamer ist, obwohl Rede und Gegenrede allenfalls mit einem Zeitabstand folgen. (Der Versuch, beide in einem Buch oder Organ zu vereinen, erscheint bisher nicht sehr erfolgreich, so wichtig er wäre.)

Die Argumentation ist eine hochentwickelte Kunst. Das stellt man rasch fest, wenn man versucht, die Aussagen eines Rhetors auf ihren Inhalt und die dahinterstehenden Absichten zu untersuchen.

Man kann – mindestens im Geiste – eine längere Äußerung einteilen nach

– Vorstellung des Rhetors (Captatio benevolentiae), Kontakt mit dem Publikum, Einstellung zum Partner oder Gegner;
– Prämissen der Argumentation (das, wofür der Redner oder Autor bei seinem Publikum auf Zustimmung rechnet);
– Ziele der Argumentation;
– Von den Prämissen ausgehende Überzeugungsarbeit;
– Folgerungen, die das Publikum akzeptieren soll oder die es möglichst zur Grundlage eigenen Denkens und Handelns machen soll.

In der Praxis wird dieses Schema kaum je eingehalten; einzelne Schritte werden weggelassen, oder die Reihenfolge wird verändert, weil der Rhetor sich davon größere Wirkung in seinem Sinne verspricht, meist auf Kosten einer klaren Unterrichtung des Publikums. Ich glaube aber, daß man fast immer das Schema rekonstruieren, also die einzelnen Punkte angeben kann, und daß das die Beurteilung auch für den Laien sehr erleichtert.

Daß der Autor sich vorstellt und für sich wirbt, kommt nur selten vor. Aber für den Erfolg ist seine Glaubwürdigkeit, das Vertrauen, das er sich erwirbt, entscheidend. Bei den Wissenschaftlern müssen wir davon sprechen, daß sie an die akademische Ethik gebunden sind. Eine Zeitlang war es üblich, die Wissenschaftler summarisch als Zunft zu verdammen, sie als abhängig und enge Spezialisten abzutun. Aber heute, nachdem es offenbar nicht gelungen ist, damit ihre Autorität zu zerstören, werden auch die sogenannten alternativen Wissenschaftler mit den Bezeichnungen der etablierten Wissenschaft geschmückt wie Experte, Biologe, Institut für . . . usw.

Den Gegner schlechtzumachen ist zweischneidig, besonders wenn der Hörer und Leser die Absicht merkt. Es geschieht deshalb einigermaßen unauffällig, meist mit abwertenden Adjektiven ohne nähere Begründung, die durch Wiederholung wirken und die den Charakter einer Petitio principii haben, einer Vorwegnahme des zu Beweisenden durch die Prämissen. Man versucht, das Vertrauen in Wissenschaft zu zerstören oder die Zerstörung als Prämisse zu verwenden. Einige schrecken vor unflätigen Beschimpfungen nicht zurück.

Wie sehr die Kampagne gegen die Glaubwürdigkeit der Wissenschaftler schon Erfolg gehabt hat, zeigt folgende Meldung (Südd. Zeitung 4. 12. 1986): Die Batteriefabrik Sonnenschein hat einen Prozeß gegen den Wasserwissenschaftler Günter Axt verloren. Axt hatte erklärt, wer einen halben Liter Wasser von einem Kinderspielplatz in der Nähe des Werks trinke, müsse sterben. Das Gericht erklärte, Axt könne sich bei seinen Äußerungen auf das im Grundgesetz garantierte Wissenschaftsprivileg berufen. Unabhängig davon, ob seine Behauptungen zuträfen, könne er seine Wissenschaftsfreiheit in Anspruch nehmen. Das Gericht erklärt also, ein Wissenschaftler könne lügen, soviel er wolle. Das sei Wissenschaftsfreiheit.

Der Umgang mit den Prämissen hat sich verändert. Mehr als früher üblich ist das Verschweigen der Prämissen. Man setzt sie aber trotzdem voraus, wenn man etwa von den Berichten in den Medien ihre Kenntnis erwarten kann, etwa die Ablehnung der Atomenergie oder des Fortschritts.

Rhetorik im modernen Sinn ist nicht die Kunst der schönen Rede oder der Täuschung des Gegners mit unredlichen Tricks. Aber auf jeden Fall ist sie eine Argumentationslehre, bei der es gilt, die Gesprächspartner und das Publikum zu überzeugen. In einer Diskussion, die zu Entscheidungen oder zu einer Meinungsbildung im Sinne einer Motivation für eine bestimmte Entscheidung dienen soll, kommt man fast nie mit rein wissenschaftlichen oder rein rationalen Argumenten aus. Man kann nicht alles beweisen, es bleibt ein Rest, wo man Vermutungen oder Werte einbringt, und dann gilt es, nachdem man selbst sich sorgfältig geprüft hat, mit redlichen Mitteln Überzeugungsarbeit zu leisten. Das ist nichts Neues. Es ist ganz dasselbe wie das, was in jeder ehrlichen Diskussion geschieht. Diese Art Rhetorik sollte geeignet sein, die Vertreter sehr verschiedener Lebensbereiche zu mehr gegenseitigem Verständnis und zu mehr Gemeinsamkeit zu bringen. Überraschend für den Laien, und ich gestehe auch oft für uns selbst, ist nur, daß Rhetorik auch in Diskussionen über wissenschaftliche Themen eine so große Rolle spielt.

Meine eigene Beschäftigung mit der Rhetorik begann mit dem Wort „also"; das war vor etwa 15 Jahren. Ich war Mitglied des Wissenschaftsrats, und wir hatten Gelegenheit, uns mit den in unserem Parallelgremium, dem Bildungsrat, auftretenden Themen zu beschäftigen. Damals habe ich zum ersten Mal das Wort „Begabbarkeit" gehört, und in einem Buch las ich dem Sinne nach: „Begabung kann angeboren sein oder durch Einflüsse der Umwelt entstehen, also . . .", und der ganze Rest handelte von der Begabbarkeit, weil doch eigentlich alle Menschen gleich sind. Also habe ich eine Zeitlang Also-Forschung betrieben, und ich stellte fest, daß ich bei Also-Sündern fast immer mehr auszusetzen hatte als den Also-Mißbrauch. Wenn ich meinte, ich hätte einen guten

Autor, etwa Francis Bacon, stellte sich das immer als ein Irrtum heraus.

Ein deutliches Beispiel rhetorischer Argumentation ist die jetzt schon viele Jahre durchgehaltene Kampagne, daß es keine vorurteilsfreie Wissenschaft gebe, daß die Naturwissenschaftler mit ihrer Tätigkeit abhängig seien von der Förderung und den Zielsetzungen von Industrie und Wirtschaft oder von für die Gesellschaft nicht nützlichen staatlichen Organen. Ja, selbst das Wahrheitsstreben wird disqualifiziert mit der Behauptung, es gebe keine wirkliche Wahrheit. Ich glaube, daß diese Kampagne sehr erfolgreich war.

Es gibt viele Argumente, die publikumswirksam sind, aber einer Nachprüfung nicht standhalten. Hier einige Beispiele.

— „Bei Sicherheitsfragen dürfen Kosten keine Rolle spielen." Das ist demagogisch und lädt zum Mißbrauch ein. Es gibt keine unbegrenzten Mittel. Auch der Aufwand für die Sicherheit kann nur über ein Abwägen bestimmt werden.

— „Man darf nicht alles machen, was man technisch machen kann." Dies leuchtet jedem ein, der eine Abneigung gegen einen gerade in Rede stehenden technischen Vorschlag, etwa die Kernenergie, hat. Dahinter steht die leider auch von Wissenschaftlern wie Oppenheimer unterstützte Meinung, daß alles, was technisch möglich ist, von den Technokraten auch angestrebt werde. Aber der Satz „Man darf nicht alles tun" ist eine Trivialität. Man kann in einer gegebenen Situation immer nur eines tun, muß eine Entscheidung zwischen verschiedenen Alternativen treffen. Die Frage, ob etwas technisch neu und vielleicht nicht genügend erprobt ist, ist eine unter vielen. Unsere Behauptung hat keinen logischen Inhalt; sie dient nur dazu, eine bei vielen schon vorhandene Abneigung zu verstärken und für die Diskussion ein Scheinargument zu liefern.

Ein ganz deutliches Beurteilungskriterium ist es, wenn ein Wissenschaftler sich darauf einläßt, demagogische Argumente zu gebrauchen, etwa wenn er Neigungen und Abneigungen des Publikums anspricht, Verdacht gegen bestimmte Politiker, Mißtrauen gegen die Obrigkeit, Zweifel an parlamentarischen Entscheidungen, Übertreibung von Gefahren, Schüren von Angst. Wenn dies unter dem Mantel wissenschaftlicher Überlegenheit geschieht, ist es besonders schlimm.

Sehr schlimm ist es auch, wenn jemand andere Ziele mit seiner Argumentation verfolgt als die, die er angibt. Bei der Diskussion über Wackersdorf etwa ist im engeren Kreis der Gegner kaum von den Strahlengefahren die Rede, die öffentlich so herausgestellt werden. Es geht um Ablehnung staatlicher Autorität, um die Verfolgung parteipolitischer Ziele, wenn nicht um den Kampf gegen die parlamentarische Demokratie, mit der Masse der besorgten Bürger und einer Anzahl von Intellektuellen als Kulisse und Schutzschirm.

Ein solches Verhalten ist natürlich nicht auf die Wissenschaftler beschränkt. Es ist ein ganz wichtiges Charakteristikum unserer Zeit. Wir erleben eine Periode, in der die Rolle der Medien wichtiger ist als je. Die Diskussion, was sie bewirken können und was sie und alle, die in den Medien erscheinen oder Einfluß haben, tun sollen, ist noch ganz am Anfang.

Die Rolle der Medien

Das Publikum erhält in den seltensten Fällen seine Informationen vom Experten selbst, ob in Wort oder Schrift. Wir müssen davon sprechen, wie der Weg

zum Publikum aussieht und was die Wirkung ausmacht.
Die Aussagen eines Wissenschaftlers erscheinen in der Öffentlichkeit, wenn überhaupt, dann meist nicht in der Form, in der er sie ursprünglich ausgesprochen hat. Das Publikum kann also nur über indirekt Mitgeteiltes urteilen. Das ist unvermeidlich. Was ein Wissenschaftler verlangen kann, verlangen muß, ist, daß seine Aussagen in die Diskussion eingehen, daß sie richtig zitiert werden und daß diejenigen, die sie bewerten, soweit sie selbst Wissenschaftler sind, sich an die akademische Ethik halten. Wenn die Wissenschaftler, und ich würde gern sagen die Wissenschaftler auf beiden Seiten, in einer Diskussion diese Aufgabe sichtbar erfüllen, dann haben sie getan, was sie tun konnten. Aber damit haben sie das Publikum, jedenfalls den allergrößten Teil davon, noch nicht erreicht.
Natürlich gibt es Bücher von anerkannten (oder auch anderen) Experten, wo der Autor direkt mit seinen Aussagen wirkt. Aber das ist nicht ein erheblicher Teil des Publikums. Auch eine Podiumsdiskussion oder ein Vortrag erreichen nur wenige direkt — für die weite Verbreitung sind die Medien verantwortlich. Die Information geschieht über Zeitungen, Zeitschriften, Radio und Fernsehen. Hier gibt es, vermeidbar oder nicht, Schwierigkeiten. Da ist das Problem der Auswahl: Keine Zeitung kann mehr als einen sehr kleinen Ausschnitt aus Nachrichten, von Ereignissen oder von relevanten Aussagen bringen. Die Journalisten sind, ob sie wollen oder nicht, ein Filter für alles, was das Publikum erreicht. Die Durchlässigkeit des Filters ist gering und überaus selektiv. Der Nachrichtenwert einer Meldung kann ein tödliches Kriterium sein. Ein auf Konsens unter den Journalisten bedachtes Wertesystem tut das Seinige. Einige wenige Tages-

oder Wochenzeitungen haben Einfluß auf alle. Und das ist es, was das Publikum erfährt.
Bei der Argumentation gibt es viele Besonderheiten, die der Information nicht helfen. Quantitative Angaben werden meist vermieden, oder es heißt: „280 Liter radioaktives Wasser sind ausgetreten", aber es wird nicht gesagt, ob es 10 oder 10 Millionen Becquerel pro Liter waren. Ich gebe ein Beispiel, das mich selbst betraf: In einem Bericht in einer großen Zeitung über eine Podiumsdiskussion an der Technischen Universität München stand über meinem Vortrag (voller Wortlaut): „Maier-Leibnitz betonte, daß der Wissenschaftler immer glaub- und vertrauenswürdig sein müsse. Der Referent gestand allerdings ein, daß sich auch Wissenschaftler irren. ‚Es ist viel zuwenig bekannt.' Schließlich räumte Maier-Leibnitz ein, daß es Wissenschaftler gebe, ‚die von der akademischen Ethik abweichen'." Eine solche Berichterstattung ist ein sicheres Mittel, um die Wirkung eines Autors zu verhindern, wenn man ihn aus irgendwelchen Gründen nicht verschweigen darf.
Man wird einen Autor nicht verschweigen, wenn er der eigenen Ansicht hilft. Man wird ihn auch dann zitieren, wenn man ihn mit dem Publikum einleuchtenden Gründen bekämpfen kann. Wenn ein Autor verschwiegen wird, kann das daher kommen, daß er zu unbekannt ist, daß er schlecht schreibt oder kein Anliegen vorzutragen hat, daß man gegen das, was er sagt, schlecht etwas vorbringen kann, das die eigene Meinung stützt.
Dann gibt es das Problem der „Farbe" der Darstellung. Neulich sagte eine Moderatorin im Radio zu mir: „Das war eine klare Aussage", und jeder hörte, daß sie nicht damit einverstanden war. Dies sind bescheidene Beispiele aus einer Vielfalt, die die Einfluß-

möglichkeiten der Medien zeigt und auch den Gebrauch, den sie davon machen.
Die Kernenergiediskussion ist ein abschreckendes Beispiel, hat aber Signalcharakter für die Zukunft, denn sie ist ein Lehrstück. Eine der Besonderheiten dabei ist: Die öffentliche Aufmerksamkeit ist groß, alles, was beunruhigend erscheinen kann, kommt in die Presse, und damit ist die Kernenergie ein Vehikel, Anliegen aller Art durchzusetzen. Davon wird rücksichtslos Gebrauch gemacht, und oft mit Erfolg, denn zu wenige sind bereit, selbst nachdenkend zu urteilen. Aber ich meine, daß gerade hier, beim Mißbrauch der Rhetorik, eine Chance für bessere künftige Formen der Diskussion liegt. Auf die Dauer kann es nicht angehen, wenn jemand aus einer Menge Material nur solche Fakten und Hypothesen aussucht, die seine eigene Einstellung stützen. Man wird ihm auch übelnehmen, wenn er andere mit allen Mitteln verdächtigt, ohne daß für ihn mehr spricht als das Bewußtsein, einfach recht zu haben. Und man wird auf die Dauer auch übelnehmen, wenn er andere als die von ihm angegebenen Ziele verfolgt.

Abwägen

Wir haben jetzt mehrfach von Abwägen gesprochen. Was ist das? Wir wägen alle täglich ab, ganz selbstverständlich. Soll ich mit der Bahn fahren, was umständlich und vielleicht teurer sein kann, oder mit dem Auto, wo ich vielleicht jemand überfahre? Soll ich in meinem Vortrag einen Kontrahenten angreifen, oder soll ich es lassen, weil ich ihn eigentlich ganz nett finde? Aber es gibt auch viele Fälle, wo es keinen Sinn hat abzuwägen. Descartes war sogar der Meinung, daß jede Entscheidung, wenn man die Umstände sorgfältig und vollständig analysierte, sich zwingend ergeben müßte. Abwägen muß man, wenn eine rein rationale Beweisführung nicht möglich ist.

Die nichtrationale Komponente der Argumentation ist ganz deutlich beim Abwägen von Vor- und Nachteilen einer Entscheidung gegen die Vor- und Nachteile einer Alternative. Schon daß ich hier zwei Vorteile und zwei Nachteile nenne, ist kaum üblich, und das hat entscheidende Bedeutung. Auch wenn man dem Philosophen Hans Jonas folgen will, der sagt, daß man bei Entscheidungen, die für kommende Generationen Bedeutung haben, die Nachteile sehr viel schwerer wägen muß als die Vorteile, dann ist doch daran zu denken, daß jede Entscheidung die Wahl zwischen mindestens zwei Handlungsarten bedeutet, von denen jede Nachteile haben kann. Das ist eine Selbstverständlichkeit, aber nicht etwas, was in der Öffentlichkeit oder in den Medien als eine solche wahrgenommen oder berücksichtigt wird. Vielleicht sind wir aus einer alten Tradition, bei der absolute Forderungen, etwa die der Kirchen in Glaubensfragen (ich nenne als modernes Beispiel die Geburtenkontrolle) selbstverständlich waren, geneigt, eher einfache Gebote aufzustellen als Vergleiche zu verlangen, die ja ein Selbstdenken, eine Emanzipation der Meinungsbildung und Entscheidung erfordern. Eigentlich müßten gerade diejenigen, die heute die staatliche Autorität bekämpfen, das Abwägen auf ihre Fahnen schreiben. Aber es scheint, daß sie eher geneigt sind, statt dessen neue Glaubenssätze zu verkünden. Oft wird ein Abwägen, obwohl es sonst Gegenstand des täglichen Lebens ist, bei bestimmten, als „grundsätzlich" betrachteten Fragen allgemein abgelehnt. Die Erfahrung zeigt, daß das Abwägen vielen widerstrebt und kein wirksames Argument in der öffentlichen Diskussion ist.

Ganz sicher ist das bei der Ablehnung der Kernenergie so. Die Intensität, mit der sie betrieben wird, könnte nicht so groß sein, wenn sie nicht für ihre Vertreter ein Wert an sich wäre, der durch Abwägen nur verwässert würde. Wir müssen uns darüber klar sein, daß wir mit der Forderung des Abwägens einen Einbruch in emotional besetzte Gebiete versuchen.

Ich will ein Beispiel bringen, das mir selbst und sicher vielen sehr zu schaffen macht. Man kann leicht zeigen, daß, für die ganze Menschheit gesehen, die Gefahren der Atomenergie, was Krankheit und Todesfälle jetzt und für künftige Generationen betrifft, zu den kleinsten gehören, die man sich ausdenken kann. Man kann glauben, daß die Menschheit und vor allem die Dritte Welt in Zukunft mehr Energie brauchen werden, um die heutige Not und die daraus folgende Konfliktneigung zu beseitigen, und man kann glauben, daß dazu die Kernenergie ein schwer zu ersetzender Beitrag sein wird. Aber jetzt kommt mein Problem, und es ist das Problem vieler meiner Freunde: Ich komme nach Saarbrücken zu den Gegnern von Cattenom und muß mir sagen lassen: „Du willst die Dritte Welt in fünfzig Jahren mit der Kernenergie beglücken, und uns setzt du inzwischen der unmittelbaren Gefahr eines großen Reaktorunfalls aus. Wer bist du, daß du so willkürlich über Menschenleben verfügst?“ Natürlich gibt es darauf eine Antwort: Jede Entscheidung hat zwei Seiten, zum Beispiel ja oder nein. Die Entscheidung „ja“ hat Vorteile hier und Nachteile da für jeweils andere Menschen. Bei der Entscheidung „nein“ ist es ebenso, nur sind hier und da anderswo, und der Umfang der Vor- und Nachteile ist anders. Man muß wieder abwägen, und wer meint, nichts zu tun, sei keine Entscheidung,

hat unrecht. Unschuldig ist nur der, der zu entscheiden nicht befugt oder nicht berufen ist.
Jetzt ist noch zu fragen: Was hat das Abwägen mit der Glaubwürdigkeit der Wissenschaftler zu tun? Und die Antwort: Viel weniger, als man in der Öffentlichkeit oft annimmt, aber doch Entscheidendes. Zunächst: Es gibt in der öffentlichen Diskussion selten Zweifel an den wissenschaftlichen Aussagen selbst. Es gibt einen kleinen Privatkrieg mit den alternativen Wissenschaftlern, die sich bei kontroversen Daten die für sie günstigen heraussuchen, also gegen die akademische Ethik verstoßen. Das Abwägen aber ist nicht allein Sache der Wissenschaftler. Die wissenschaftlichen Aussagen sind meist unstrittig, die Unterlagen sind da, oder — das ist eine bleibende Aufgabe der Wissenschaftler — sie müssen sie anführen, wenn nötig suchen oder durch Forschung erarbeiten. Das Abwägen als Grundlage des Entscheidens — ich sage damit etwas eigentlich Triviales — ist Sache der Entscheidenden, und das sind nicht die Wissenschaftler, wenn auch manche von ihnen und große Teile des Publikums das zu meinen scheinen.
Das verhindert nicht, daß Wissenschaftler, wenn sie mit Willen oder durch die Umstände, wie wir schon erläuterten, dazu gezwungen, an der öffentlichen Diskussion teilnehmen, die Notwendigkeit dieses Abwägens oder auch nur des Vergleichens betonen und dazu Material liefern. Aber sie entscheiden nicht darüber, ob oder mit welchem Maß abgewogen wird. Wer tut das? Wer soll das tun? Die Regierung, die Parteien, Wirtschaft und Gewerkschaften, die Bürgerinitiativen, die Journalisten, Publizisten, die Weisen der Nation? Die Wissenschaftler spielen dabei die geringste Rolle, auch wenn manche sich als Vordenker der Nation fühlen. Der damalige Berliner Bürgermeister

Stobbe hat einmal gesagt: „Die Gesellschaft sucht sich ihren Weg alleine." Daran denke ich sehr oft. Was soll das sein, die Gesellschaft? Und alleine? Darüber mehr zu wissen, dazu mehr zu tun, das sind Aufgaben, die alle angehen.

Neue Wege in der öffentlichen Diskussion

Ich möchte zusammenfassen, was in meiner Darstellung anders liegt, als man es allgemein bei der Behandlung von Glaubwürdigkeit und Verantwortung der Wissenschaftler und von moralischen Forderungen gewohnt ist.

- Die Glaubwürdigkeit der Wissenschaftler beruht darauf, daß sie sich an die akademische Ethik gebunden fühlen, eine besonders strenge Form der Wahrheitsliebe. Auch die anderen Diskussionsteilnehmer und die Medien, die das Publikum informieren, brauchen Glaubwürdigkeit. Welche Maßstäbe fehlen dafür?
- Die Autorität des Wissenschaftlers gilt für sein Fach. Aber er kann von den führenden Kollegen aus Nachbarfächern genug lernen, damit er nicht nur als Spezialist hervortritt.
- Wenn er, wie das alle tun sollten, bei Diskussionen, die der Vorbereitung von Entscheidungen dienen, versucht, seine Gesprächspartner aus ganz anderen Gebieten zu verstehen, und wenn er dabei seine Grenzen beachtet, also bescheiden bleibt, kann er bei der gemeinsamen Meinungsbildung ähnlich nützlich sein wie andere.
- Die öffentliche Diskussion kann nur fruchtbar sein, wenn alle Gesichtspunkte bekannt sind und als Grundlagen nach sorgfältiger Analyse einge-

bracht werden. Dies ist eine Forderung an alle Teilnehmer, die oft nicht erfüllt wird.

- Die Wahl zwischen verschiedenen Alternativen bei einer Entscheidung verlangt die Berücksichtigung aller rationalen Argumente, aber diese reichen fast nie aus. Werte und Emotionen sind also ein legitimer Bestandteil jeder Diskussion. Auch die Wissenschaftler haben Werte, die sie motivieren.
- Wo das Rationale nicht genügt, muß man überzeugen statt beweisen. Überzeugen aber bedarf der Rhetorik, gerade dann, wenn optimale Entscheidungen gesucht werden. Mehr Kenntnis der Rhetorik kann die Diskussion entscheidend verbessern.
- Entscheidungen können nur selten auf Grund absoluter, apodiktischer Werte und Forderungen gefällt werden, obwohl das oft verlangt wird. Gefordert ist ein gerechtes Abwägen zwischen den Vor- und Nachteilen verschiedener Alternativen. Verantwortung und Ethik bei Entscheidungen müssen sich auf das Abwägen beziehen, nur selten auf absolute Werte.
- Abwägen braucht Gewichte, oft Gewichte für Unvergleichbares. Wer bestimmt die Gewichte? Liegt hier eine der wichtigsten Aufgaben für die Gesellschaft? Und sollte man nicht gerade darüber öffentlich mehr und präziser diskutieren?

Rauchverbot im Taxi

Heinz Maier-Leibnitz

Am Bahnhof in München stehen Taxis in mehreren Reihen, und meistens bemüht sich der Fahrer, der gerade an der Reihe ist, nicht besonders darum, sich kenntlich zu machen. Aber diesmal stand der Fahrer davor und winkte mir. Er war ziemlich dick, trug einen weiten blaßblauen Pullover, der die ungesunde Blässe und Schwammigkeit seines Gesichts noch unterstrich.

Im Taxi war ein Rauchverbotsschild, das mich daran erinnerte, daß ich im Prinzip gern rauche, wenn auch nur eine Havanna im Monat, aber leider sind es in Wirklichkeit kaum mehr als zwei im Jahr, offenbar weil es außer der Lust auch noch eine instinktive Abneigung gibt. Ich nenne mein Ziel mit „bitte Pienzenauer Straße", und gleich nach dem Anfahren der Fahrer: „Diese Fahrt bringt mir sicher doppelt soviel wie die mit dem Raucher, den ich gerade abgelehnt habe."

Ich frage ihn, woher er das weiß; offenbar hat er das im Gefühl, und außerdem kenne er den Kollegen, der den Fahrgast aufgenommen hat, er würde es schon erfahren. Ich sage etwas Unvorsichtiges, nämlich daß das Passivrauchen im Taxi wohl kaum wegen der eingeatmeten Rauchmenge gefährlich sei, daß ich aber Verständnis dafür hätte, wenn sich jemand durch den Rauch belästigt fühle. Dem aber widersprach er aufs schärfste. Es handele sich nicht um den Geruch. Er habe nie geraucht. (Beim Einbiegen in den Tunnel überfährt er mit dem rechten Hinterrad einen ziemlich großen Randstein.) „Aber vor drei Jahren an Weihnachten wollte ich ein Fräulein besuchen, das im fünften Stock wohnte, in der Ingolstädter Straße; die hätt' ich an diesem Tag vernaschen dürfen." Ich rücke etwas von ihm ab. „Im vierten Stock bin ich aber zusammengebrochen, ich spuckte Blut, und mein Kreislauf war kaputt. Dem Arzt habe ich gesagt, daß ich nie geraucht habe. Der hat mir aber verschrieben (und mir eine Bescheinigung gegeben, weil das damals gegen die Vorschriften der Taxifahrer war), ich sollte ein Jahr lang keinen Raucher mehr in mein Taxi lassen; danach soll ich prüfen, ob ich mich besser fühle. Wenn ich dann nicht wieder vollkommen gesund sei, dürfe ich alles gegen ihn als Arzt unternehmen, zum Beispiel auf einer Pressekonferenz sagen, er sei der schlechteste Arzt der Welt." Bei diesem Bericht wird mir unheimlich.

Der Taxifahrer weiter: Jetzt trüge er seit zwei Jahren nie mehr einen Mantel, nur einen Pullover, und wenn es minus neunzehn Grad hat, dann zwei übereinander. Die Schatten auf seiner Lunge sind weg, und er kenne keine Schwäche mehr.

Noch einmal sage ich etwas Unvorsichtiges, nämlich daß es immer gesund sei, wenn man sich abhärte; wieder komme ich schlecht an.

Er habe sich aber nie abgehärtet, und der Arzt habe ihm nie ein Medikament verschrieben. Er sagt nicht ausdrücklich, daß es nur das rauchfreie Taxi war – aber er läßt keinen Zweifel daran, anderes zu denken. Einmal kam den ganzen Abend keiner, der nicht rauchte. Aber auf dem Heimweg hielt ihn einer an, und die Fahrt mit dem brachte mehr als alle, die er an diesem Abend hätte haben können. Man brauche also nicht weniger zu verdienen, wenn man Raucher im Taxi ablehne.

Ich stellte mir vor, wie die anderen Fahrer ihn hänseln. Jeder Außenseiter hat zu leiden, und das, was er sagte,

war offenbar in vielen Diskussionen mit den Kollegen abgeschliffen und erhärtet worden.
Ich äußere mich nicht mehr, sondern denke an die wissenschaftlichen Untersuchungen, die sich mit dem Passivrauchen beschäftigen und die ich gern näher studieren will, sowie an meine eigenen Überlegungen, nach denen man normalerweise lange braucht, bis man das Äquivalent einer Zigarette passiv eingeatmet hat. Ich denke auch daran, was eine Bürgerinitiative gegen das Rauchen mit der Aussage dieses Taxifahrers machen würde; und an die Neue Rhetorik als Argumentationslehre, die man braucht, wenn man andere überzeugen will oder muß. Chaim Perelman, meine Autorität für dieses Gebiet, sagt, daß man zuerst sich selbst überzeugen muß, in einem inneren Dialog mit sich selbst. Ich habe bis zum Anschauungsunterricht durch den Taxifahrer nicht gewußt, welche Kraft und welche Besessenheit eine solche Selbstüberzeugung gewinnen kann. Er sagt nur noch einmal etwas: „Mein neuer Wagen ist länger als der vorige. Das kann jedem passieren.“ Er meint den Randstein, er verteidigt sich schon wieder.

Die Kernenergie und die öffentliche Meinung

Elisabeth Noelle-Neumann

Man könnte von einem Realitätsschock sprechen. Tschernobyl, das war eine Erschütterung, aber von anderer Art, als es im allgemeinen angenommen wird. Ein GAU, ein großer Unfall in einem Kernkraftwerk, das konnte man sich bis dahin nicht richtig vorstellen; auch Harrisburg war mehr wie ein Film, ein Fernsehereignis, es gab keine Toten oder Verletzten, keine verendeten Tiere oder verstrahlten Lebensmittel. Damals nach Harrisburg schnellte die Ablehnung der Kernenergie hoch; die Zahl derer, die den Ausstieg verlangten, verdoppelte sich; aber schon zehn Wochen später war das abgeklungen, die Meinungsverteilung für oder gegen Kernenergie war so wie vor Harrisburg.

Ein Realitätsschock, das ist eine lang anhaltende Erschütterung, eine Veränderung der Gefühle, aber auch des Denkens. Etwas, was man bis dahin nicht richtig durchdenken konnte, wird plötzlich ganz deutlich.

Der Mauerbau in Berlin am 13. August 1961 war in diesem Sinne ein Realitätsschock. Es trug sich etwas zu, was wir in der Demoskopie noch nie gesehen hatten: Innerhalb von einer Woche stürzte die Wahlabsicht für die CDU/CSU von 49 Prozent auf 35 Prozent, und dies wenige Wochen vor der Bundestagswahl vom 17. September 1961. Man hat damals vielfach vermutet, die ungeschickte Reaktion Adenauers auf den Mauerbau habe diesen Sturz der CDU/CSU bewirkt, aber dafür spricht in den demoskopischen Daten nichts. Wenn das zuträfe, dann hätte sich 1961 auch die Meinung über Adenauer drastisch verschlechtern müssen, aber die änderte sich praktisch nicht[1]. Der Mauerbau, das war ein sichtbares Ereignis — diese Realität demonstrierte die Teilung Deutschlands. Das Verlangen des Ostens, die nach 1945 geschaffenen Realitäten anzuerkennen, war nicht mehr Redeweise oder Argument, sondern Erlebnis; damit fing die neue Ostpolitik an.

Was die Realität von Tschernobyl betrifft, so wird vielfach angenommen, seit dem Unfall habe sich die Mehrheit der Deutschen gegen die Kernenergie gewandt. Die Reaktionen der Bevölkerung auf den Unfall von Tschernobyl sind kompliziert, weil nüchterne Erwägungen und starke Gefühle im Widerstreit miteinander stehen. Weder im September 1986 noch im Frühjahr 1987 konnte man sehen, daß die Mehrheit der Bevölkerung einen sofortigen oder baldigen Ausstieg aus der Kernenergie wünschte.

Um in einem so wichtigen Punkt Klarheit zu gewinnen, darf man sich nicht nur auf die Ergebnisse einer einzelnen Frage stützen. Es ist ja kein Angriff gegen Demoskopie, zu argumentieren, daß die Frageformulierung einen Einfluß auf die Ergebnisse hat. Man kann diesen Sachverhalt nicht genug betonen, um vor Manipulationen zu warnen. Ungerechtfertigt ist allerdings die Annahme, man könne mit der Frageformulierung jedes gewünschte Ergebnis produzieren. Oft kann man die Ergebnisse verschieden interpretieren. Aber in bezug auf die Kernenergie führen zwei Arten von Fragen zu einem weitgehend gleichen Befund. Einmal wurde von den Kernkraftwerken ausgegangen: ob neue gebaut werden sollten, die bisher betriebenen weiter betrieben oder ob die Kernkraftwerke

[1] Elisabeth Noelle/Erich Peter Neumann (Hrsg.): Jahrbuch der öffentlichen Meinung 1968—1973. Allensbach/Bonn: Verlag für Demoskopie 1974, nach S. 304 und S. 261.

stillgelegt werden sollten. Es stehen also drei Möglichkeiten zur Auswahl. Für „stillegen" stimmten wenige Wochen nach Tschernobyl 37 Prozent, im Frühjahr 1987 war der Anteil auf 28 Prozent zurückgegangen (Schaubild 1).
Bei der zweiten Frageform wurden vier Möglichkeiten zur Auswahl gestellt: von unbefristeter weiterer Nutzung der Kernenergie bis zum sofortigen Ausstieg. Im Frühjahr 1987 erklärten sich 26 Prozent für langfristige Nutzung der Kernenergie, weitere 37 Prozent für einen langsamen, über die nächsten Jahrzehnte hinweggezogenen Ausstieg, zusammen fast zwei Drittel der Bevölkerung, die einen baldigen Abschied von der Kernenergie ablehnen. Der Anteil der Befürworter eines sofortigen und baldigen Ausstiegs ist mit 28 Prozent genauso groß wie bei der ersten Frageformulierung (Tabelle 1).
Man könnte debattieren, ob man das gute Drittel der Bevölkerung, das für einen langsamen Ausstieg aus der Kernenergie „in den nächsten Jahrzehnten" ist, nicht auch den Gegnern der Kernenergie zurechnen müßte. Das Unbehagen an der Kernenergie kann man aus seinen Antworten herauslesen. Aber praktisch befürwortet es noch auf Jahrzehnte, und das heißt für die meisten: für ihre Lebenszeit, die Nutzung der Kernenergie.
Von einer emotionellen Aufwallung der deutschen Bevölkerung, von einer Stimmung gegen die Kernenergie, der die Energiepolitik nachgeben müßte, kann nicht die Rede sein. Die Deutschen werden heute vom westlichen Ausland oft verdächtigt, auf die Schwierigkeiten der modernen Industriegesellschaft geradezu hysterisch zu reagieren. Die Umfragen zeigen eine große Sensibilität, aber auch Nüchternheit. Auf die Frage, wie bei uns in den nächsten zwanzig,

Entwicklung der Meinungslager in der Kernenergie-Diskussion *Schaubild 1*

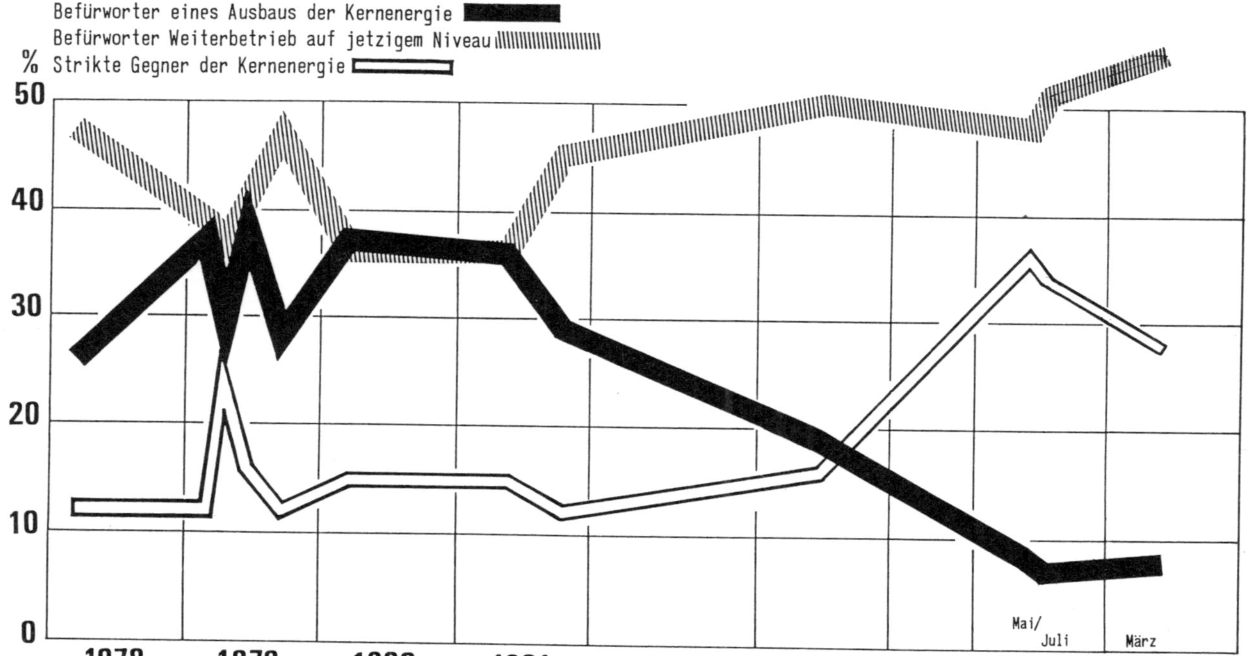

*Nach dem Reaktorunfall von Tschernobyl

Quelle: Allensbacher Archiv

Tabelle 1
Bundesgebiet mit West-Berlin
Bevölkerung ab 16 Jahren

Ausstiegszenarien

Frage: „Auf dieser Liste stehen vier Standpunkte. Können Sie sagen, wofür Sie sind, was auch Ihre Meinung ist?"
(Vorlage einer Liste)

	Juli 1986 %		*Aug. 1986* %		*Dez. 1986* %		*März 1987** %	
„Wir sollten sofort alle Kernkraftwerke stillegen"	10	38	10	38	9	38	7	28
„Wir sollten möglichst rasch, in den nächsten 4 bis 5 Jahren, aus der Kernenergie aussteigen"	28		28		29		21	
„Wir sollten langsam in den nächsten Jahrzehnten aus der Kernenergie aussteigen"	36	54	37	56	38	57	37	63
„Wir sollten die Kernenergie auch langfristig nutzen"	18		19		19		26	
Unentschieden	8		7		6		11	
	100		101		101		102	

* 1987: Halbgruppe

Quelle: Allensbacher Archiv, IfD-Umfragen 4075, 4076,4084/II, 4088

dreißig Jahren die Stromversorgung gesichert wird, woher der größte Beitrag kommen soll, antworten 70 Prozent: „von Atomkraftwerken", praktisch der gleiche Anteil wie 1984. Kohlekraftwerke stehen mit 47 Prozent am zweiten Platz, ebenfalls fast das gleiche Ergebnis wie 1984. Dagegen ist die Hoffnung, die Sonnenenergie könnte den größten Beitrag leisten, von 48 Prozent auf 42 Prozent zurückgefallen.
Ein Grund der Nüchternheit sind die realistischen Erwägungen der Bevölkerung, was ein Ausstieg aus der Kernenergie in den nächsten vier bis fünf Jahren wirt-

schaftlich bedeuten würde. Auf die Frage „Glauben Sie, daß ein Ausstieg aus der Kernenergie unserer Wirtschaft sehr, etwas oder gar nicht schaden würde?" antworteten im Frühjahr 1987: „sehr" 31 Prozent, „etwas" 41 Prozent. Zusammengefaßt erwarten drei Viertel der Bevölkerung einen wirtschaftlichen Schaden, wenn es zu dem Ausstieg käme.

Geht man ins einzelne, welcher Art diese Schäden sein würden, so gewinnt man den Eindruck, daß sich die Bevölkerung mit den Auswirkungen beschäftigen muß, viele Folgen werden vorausgesehen. An der Spitze, von 77 Prozent genannt: „Der Strom würde teurer" über „Mehr Umweltbelastung durch neue Kohlekraftwerke" (59 Prozent) bis zu einer Beeinträchtigung des Exports, einem Verlust von Arbeitsplätzen, selbst einen Schaden für Wissenschaft und Forschung erwarten noch fast 40 Prozent. Dabei will die Bevölkerung die Folgen im unmittelbaren persönlichen Bereich noch am ehesten in Kauf nehmen, Strom sparen oder eine hohe Stromrechnung. Aber wenn die Folgen auf die Wirtschaft als Ganzes gehen, Gefährdung des deutschen Exports, der Arbeitsplätze, des Ranges der deutschen Forschung, dann ist die Abwehr, solche Folgen dürfe man nicht in Kauf nehmen, fast allgemein (Schaubild 2).

„Tschernobyl ist überall", mit diesem Slogan wurde die öffentliche Aufmerksamkeit bald nach dem Unfall auf die deutsche Introspektion gelenkt. Das Ergebnis ist zwiespältig. Zwar war die Bevölkerung schon im Sommer 1986 überzeugt, die deutschen Kernkraftwerke seien sicherer als das Werk von Tschernobyl; bis Frühjahr 1987 stieg diese Überzeugung auf 71 Prozent. Aber daß die Sicherheit der deutschen Kernkraftwerke ausreichend sei, glaubte nur ein Drittel, und daß ein Unfall wie in Tschernobyl auch bei uns passie-

Schaubild 2

Bereitschaft, die erwarteten Konsequenzen bei Stillegung der Kernkraftwerke in Kauf zu nehmen

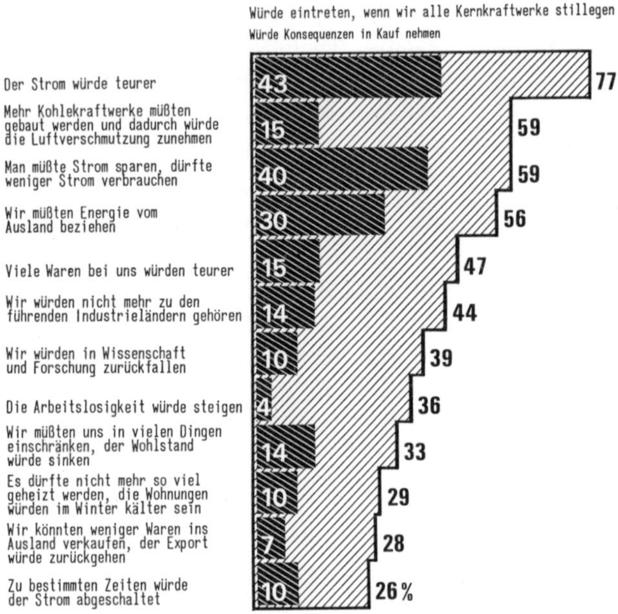

Basis: Bevölkerung ab 16 Jahre
Quelle: Allensbacher Archiv, IfD-Umfrage 4076, August 1986

ren könnte, nahm auch noch im Frühjahr 1987 fast jeder zweite an.

Durchschlagender als „Tschernobyl ist überall" war anscheinend — jedenfalls bei den rationalen Überlegungen der Bevölkerung — „Tschernobyl ist fern", und zwar in dem Sinne, daß ein Aussteigen der Bundesrepublik allein aus der Kernenergie gar nichts nütze, daß die Risiken der Kernenergie nicht national begrenzt seien, daß die Gefährdung damit praktisch nicht vermindert werden könne. 57 Prozent schlossen sich im Sommer 1986 und ebenso im Frühjahr 1987 der Ansicht an: „Wenn die Bundesrepublik allein aus der Kernenergie aussteigt, und die anderen Länder machen nicht mit, bringt das gar nichts. Gefährdet sind wir dann nach wie vor durch die Kernkraftwerke im Ausland.“ 32 Prozent im Sommer 1986, 27 Prozent im Frühjahr 1987 fanden: „Einer muß den Anfang machen. Die Bundesrepublik sollte auch dann aus der Kernenergie aussteigen, wenn die anderen Länder nicht mitmachen. Dann kann jedenfalls bei uns in der Bundesrepublik nichts passieren.“ (Tabelle 2) Nach einer Bereitschaft der Bevölkerung zu einem Alleingang der Bundesrepublik beim Ausstieg aus der Kernenergie sieht es nicht aus.

Eine Frage nach den Vorteilen und Nachteilen der Kernenergie, die seit 1975 in Allensbacher Umfragen gestellt wurde, ruft wieder in Erinnerung, wie positiv Mitte der 70er Jahre die Kernenergie beurteilt wurde. Erst gegen Ende der 70er Jahre nahmen die Vorbehalte sprunghaft zu, bis 1984 und erst recht nach Tschernobyl die Nachteile der Kernenergie mehr Gewicht hatten als die Vorteile.

Dennoch zeigt sich auch hier eine wohlbekannte, aber eigentümliche Erscheinung, die etwa aus demoskopischen Studien über das Image der Stadt Frankfurt oder auch die Einstellung zu den USA bekannt ist: Es hängt nicht von der Menge der Nachteile ab, die jemand der Kernenergie zuspricht, ob er ein Gegner oder Anhänger der Kernenergie ist. Gegner und Anhänger sehen fast gleich viele Nachteile, negative Eigenschaften.

Tabelle 2
Bundesgebiet mit West-Berlin
Bevölkerung ab 16 Jahre

Ablehnung eines isolierten Ausstiegs der Bundesrepublik aus der Kernenergie

Frage: „Hier unterhalten sich zwei darüber, ob wir aus der Kernenergie aussteigen sollen. Welchem von beiden würden Sie eher zustimmen, dem oberen oder dem unteren?"
(Vorlage eines Bildblattes)

	Juli 1986 %	*März 1987* %
Der obere: „Wenn die Bundesrepublik allein aus der Kernenergie aussteigt, und die anderen Länder machen nicht mit, bringt das gar nichts. Gefährdet sind wir dann nach wie vor durch die Kernkraftwerke im Ausland."	57	57
Der untere: „Einer muß den Anfang machen. Die Bundesrepublik sollte auch dann aus der Kernenergie aussteigen, wenn die anderen Länder nicht mitmachen. Dann kann jedenfalls bei uns in der Bundesrepublik nichts passieren."	32	27
Unentschieden	11	16
	100	100

Quelle: Allensbacher Archiv, IfD-Umfragen 4075, 4088

Ausschlaggebend ist, wie viele Vorteile jemand bei der Kernenergie sieht, die Überzeugung von den Vorteilen entscheidet darüber, ob jemand für die Kernenergie eintritt und die Nachteile, die er auch sieht, in Kauf nimmt. Darum hat es Gewicht, wenn im Frühjahr 1987 wieder deutlich mehr Vorzüge der Kernenergie genannt werden als in den Wochen gleich nach Tschernobyl (Tabelle 3).

Tabelle 3
Bundesgebiet mit West-Berlin
Bevölkerung ab 16 Jahre

Pro und kontra Kernenergie

Frage: „Darüber, welche Vorteile und Nachteile Kernkraftwerke haben, gibt es unterschiedliche Ansichten. Auf diesen Karten hier ist einiges aufgeschrieben, was man über Kernkraftwerke so alles hören und lesen kann. Würden Sie das bitte einmal ansehen und mir alles herauslegen, wo Sie meinen, das stimmt, das trifft auf Kernkraftwerke zu?"
(Vorlage eines Kartenspiels)

Vorteile	*1975* %	*1979* %	*1984* %	*1986* %	*1987* %
Die Stromversorgung von Kernkraftwerken ist wirtschaftlicher und billiger	50	44	43	44	44
Kernkraftwerke sind umweltfreundlicher als andere Kraftwerke*	32	25	40	42	39
Ein moderner Industriestaat braucht einfach Kernkraftwerke	58	50	46	32	40
Kernkraftwerke machen uns unabhängiger vom Ausland	43	41	45	29	39
Das angewärmte Kühlwasser kann man wieder nützlich verwenden, zum Beispiel zum Heizen	41	38	45	28	34
Die Sicherheitsbestimmungen sind so streng, daß Unfälle praktisch ausgeschlossen sind	35	26	36	24	28
Die Kernkraftwerke werden so gebaut, daß keine Radioaktivität nach außen dringen kann	37	26	35	22	26
	296	250	290	221	250

* 1986: Die Kernkraftwerke sind umweltfreundlicher als Kohle- und Ölkraftwerke

Fortsetzung nächste Seite

Tabelle 3
Bundesgebiet mit West-Berlin
Bevölkerung ab 16 Jahre

Pro und kontra Kernenergie

Frage: „Darüber, welche Vorteile und Nachteile Kernkraftwerke haben, gibt es unterschiedliche Ansichten. Auf diesen Karten hier ist einiges aufgeschrieben, was man über Kernkraftwerke so alles hören und lesen kann. Würden Sie das bitte einmal ansehen und mir alles herauslegen, wo Sie meinen, das stimmt, das trifft auf Kernkraftwerke zu?"
(Vorlage eines Kartenspiels)

Nachteile	*1975* %	*1979* %	*1984* %	*1986* %	*1987* %
Bei Kernkraftwerken entstehen Gefahren durch die Abfälle, den Atommüll	47	69	74	75	77
Die Erfahrungen mit Kernkraftwerken sind noch nicht ausreichend	50	69	58	62	57
Die Unfallgefahr ist zu groß**	—	—	42	50	50
Das Wasser der Flüsse wird durch das abfließende Kühlwasser zu warm und verschmutzt dadurch mehr	37	39	44	42	41
Die Umgebung der Kernkraftwerke wird mit Radioaktivität verseucht	15	23	24	31	30
Durch die Kühltürme wird das örtliche Klima verschlechtert .	26	26	29	28	29
Wegen des Uranbrennstoffes für die Kraftwerke werden wir zu sehr vom Ausland abhängig	28	31	32	21	21
	203	257	303	309	305
Unentschieden, keine Angabe	6	4	3	3	3

** 1986: Die Unfallgefahr ist groß

Quelle: Allensbacher Archiv, IfD-Umfragen 3022, 3064, 4045, 4075, 4088

Aber der einfache Schluß, der Schock von Tschernobyl sei überwunden, trifft nicht zu. Das wäre sogar ein wirkliches Verkennen der Empfindungen der Bevölkerung. Der Schock, der damals die Bevölkerung ergriff, hat sich bis zum Frühjahr 1987 nicht vermindert, er ist, so scheint es, zu einem Bestandteil des Lebensgefühls geworden. Die Frage, wie sehr man sich durch den Unfall von Tschernobyl bedroht fühle, wurde von vier Symbolen, vier Quadraten abgestufter Größe, von einem ganz kleinen bis zu einem großen, beantwortet. Die Bedrohlichkeit wurde im Frühjahr 1987 mit gleicher Stärke empfunden wie wenige Wochen nach Tschernobyl im Sommer 1986 (Schaubild 3).

Es sieht sogar so aus, als ob sich die Angst in den Monaten nach der Katastrophe weiter ausgedehnt hat. Häufiger als gleich nach Tschernobyl sprechen die Menschen heute davon, sie sorgten sich mehr um die Zukunft der Kinder, sie seien jetzt vorsichtiger bei der Auswahl von Nahrungsmitteln, sie seien ganz allgemein ängstlicher geworden. Ein Abflauen von Besorgnissen ist nirgends zu bemerken (Tabelle 4).

Nüchternes Abwägen, auch eine wachsende Wahrnehmung der internationalen Verflechtung stehen im Widerstreit mit Ängstlichkeit. In dieser Spannung wird der Kampf um öffentliche Meinung ausgetragen: Die Kernenergie nutzen oder aus der Kernenergie aussteigen, was ist verantwortungsbewußt? Öffentlich meßbarer, hörbarer sind die Gegner der Kernenergie. Man kann das an der falschen Einschätzung der allgemeinen Stimmung durch die Bevölkerung erkennen. Fast zwei Drittel der Bevölkerung wollen die Kernenergie unbefristet oder jedenfalls noch einige Jahrzehnte nutzen, zwei zu eins steht das Verhältnis für oder gegen das Nutzen der Kernenergie auf abseh-

Schaubild 3

Gefühl der Bedrohung durch Tschernobyl

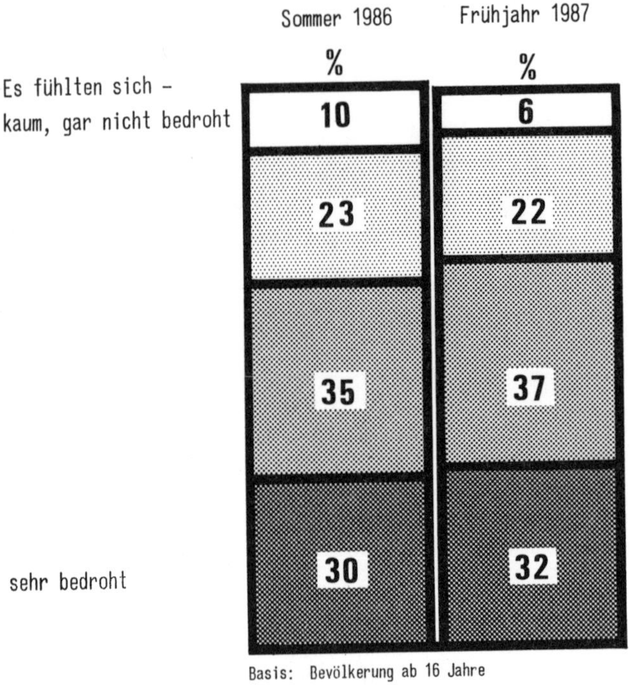

Quelle: Allensbacher Archiv, IfD-Umfragen 4075 und 4088

bare Zeit. Aber auf die Frage „Einmal abgesehen von Ihrer eigenen Meinung: Was glauben Sie? Sind die meisten Leute in der Bundesrepublik für oder gegen Kernkraftwerke?" wird die Stimmung im Frühjahr 1987 genau umgekehrt eingeschätzt. 36 Prozent meinen, die meisten seien gegen, 17 Prozent, die meisten seien für Kernkraftwerke. 34 Prozent bleiben unschlüssig und antworten: „Etwa halb und halb" (Tabelle 5). Und viermal mehr Menschen erwarten (39 Prozent), daß

Tabelle 4
Bundesgebiet mit West-Berlin
Bevölkerung ab 16 Jahre

Kein Nachlassen der Besorgnisse

Frage: „Manche Leute haben ja nach der Katastrophe von Tschernobyl ihre Ansichten geändert, andere nicht. Könnten Sie nach dieser Liste sagen, was auf Sie zutrifft?"

	Juli 1986 %	*März 1987* %
Ich habe gemerkt, wie hilflos der einzelne eigentlich heute ist	57	55
Ich bin kritischer gegenüber der Kernenergie geworden	49	55
Es ist mir mehr bewußt geworden, wie sehr die einzelnen Länder auf der Welt heute voneinander abhängen	50	54
Fragen der Kernenergie beschäftigen mich jetzt mehr	45	47
Ich habe gelernt, wie wichtig internationale Abkommen und Zusammenarbeit sind	46	45
Ich sorge mich jetzt mehr um die Zukunft unserer Kinder	36	44
Ich bin vorsichtiger bei der Auswahl von Nahrungsmitteln	27	37
Ich bin allgemein ängstlicher geworden	19	25
Es war für mich nicht nötig, irgendwelche Ansichten zu ändern, ich dachte auch früher schon so wie jetzt	18	15
Ich stehe der Sowjetunion ablehnender als früher gegenüber	19	13
Ich habe meine Einstellung gegenüber den Parteien geändert	6	9
Nichts davon	7	5

Quelle: Allensbacher Archiv, IfD-Umfragen 4075, 4088

Tabelle 5
Bundesgebiet mit West-Berlin
Bevölkerung ab 16 Jahre

Einschätzung des Meinungsklimas

Frage: „Jetzt einmal abgesehen von Ihrer eigenen Meinung: Was glauben Sie: Sind die meisten Leute in der Bundesrepublik für oder gegen Kernkraftwerke?"

	1984 %	*1986* %	*1987* %
Die meisten dafür	14	14	17
Die meisten dagegen	38	44	36
Etwa halb und halb	36	31	34
Unmöglich zu sagen	12	11	13
	100	100	100

Quelle: Allensbacher Archiv, IfD-Umfragen 4045, 4075, 4088

sich in der nächsten Zukunft die Einstellungen gegen die Kernenergie wenden als zugunsten der Kernenergie (10 Prozent).

In diesem Meinungsklima werden die Befürworter der Kernenergie immer schweigsamer bei öffentlichen Diskussionen und tragen so dazu bei, daß die Stimmung für oder gegen Kernenergie falsch eingeschätzt wird. Demoskopisch beobachten läßt sich das mit dem sogenannten „Eisenbahntest". Die Frage lautet im Interview: „Angenommen, Sie hätten eine fünfstündige Eisenbahnfahrt vor sich, und es kommt zu einem Gespräch in ihrem Abteil und jemand sagt, er sei ganz *gegen* den Bau neuer Kernkraftwerke (in der Hälfte der Interviews heißt es *für* den Bau neuer Kernkraftwerke). Würden Sie sich gerne mit diesem Menschen unterhalten, oder würden Sie darauf keinen großen Wert legen?" Vor zehn Jahren waren die Anhänger des Baus neuer Kernkraftwerke interessierter, sich an einem solchen Gespräch zu beteiligen, als die Gegner des Baus von Kernkraftwerken. 57 Prozent der Anhänger, 51 Prozent der Gegner wollten sich bei einem solchen Thema aktiv beteiligen. 1987 ist es umgekehrt. 39 Prozent der Anhänger des Baus von Kernkraftwerken sind zum aktiven Vertreten ihrer Standpunkte in einer Situation von öffentlichem Charakter bereit, während die Gegner in ihrer Redebereitschaft mit 47 Prozent, die sich an dem Gespräch beteiligen wollen, gegenüber 1977 kaum nachgelassen haben. Im Prozeß der öffentlichen Meinung, der zum großen Teil durch Reden oder Schweigen in der Öffentlichkeit entschieden wird, haben die Kernkraftgegner heute einen deutlichen Vorsprung.

Der Philosoph Hermann Lübbe hat festgestellt: Je komplizierter die Lebensbedingungen der modernen Gesellschaft würden, desto mehr brauchten sie Vertrauen in die Kompetenz der Sachverständigen. Aber die Entwicklung läuft entgegengesetzt. Das Vertrauen in die Experten der Kernenergie sinkt. Zwar antwortet auf die Frage, wie die meisten Experten – „die Leute, die sich auf dem Gebiet der Kernenergie besonders gut auskennen“ – über Kernenergie denken: „Sind die meisten für den weiteren Ausbau der Kernenergie, oder sind die meisten dagegen?“ eine klare Mehrheit von 52 Prozent: „Die meisten sind dafür“ bei nur 10 Prozent Gegenstimmen: „Sind dagegen“ und 38 Prozent unentschieden (Tabelle 6).

Aber was bedeutet das, was soll man darauf geben?

Auf die Frage „Glauben Sie, daß die Experten über die Kernenergie im großen und ganzen einig oder zerstritten sind?“ antworten im Frühjahr 1987: 28 Prozent „einig“, aber 48 Prozent: „Die Experten sind zerstritten.“ (Tabelle 7)

Tabelle 6
Bundesgebiet mit West-Berlin
Bevölkerung ab 16 Jahre

Wie denken die Experten über Kernenergie?

Frage: „Wenn Sie einmal an die Experten in Fragen der Kernenergie denken, also an die Leute, die sich auf dem Gebiet der Kernenergie besonders gut auskennen. Was glauben Sie, wie die meisten Experten über Kernenergie denken: Sind die meisten für den weiteren Ausbau der Kernenergie, oder sind die meisten dagegen?"

	1984 %	*1986** %	*1987* %
Die meisten –			
– dafür	49	46	52
– dagegen	17	19	10
Unmöglich zu sagen	34	35	38
	100	100	100

* Juli 1986: nach dem Reaktorunfall von Tschernobyl

Quelle: Allensbacher Archiv, IfD-Umfragen 4045, 4075, 4088

Tabelle 7
Bundesgebiet mit West-Berlin
Bevölkerung ab 16 Jahre

Zerstrittene Experten

Frage: „Wenn Sie einmal an die Experten in Fragen der Kernenergie denken, also an die Leute, die sich auf dem Gebiet der Kernenergie besonders gut auskennen. Glauben Sie, daß die Experten über die Kernenergie im großen und ganzen einig oder zerstritten sind?"

	Juni 1984 %	*Juli 1986* %	*März 1987* %
Einig	31	17	28
Zerstritten	41	58	48
Unmöglich zu sagen	28	25	24
	100	100	100

Quelle: Allensbacher Archiv, IfD-Umfragen 4045, 4075, 4088

Die Wochen nach Tschernobyl waren da eine Lehre für die Bevölkerung. Auf die Frage, wem man in Fragen der Kernenergie Glauben schenken kann, sagen 39 Prozent: „den Experten für Kernenergie", aber 53 Prozent: „dem Fernsehen". Das Fernsehen ist glaubwürdiger als die Wissenschaftler (Tabelle 8).

Tabelle 8
Bundesgebiet mit West-Berlin
Bevölkerung ab 16 Jahre

Frage: „Wenn Sie einmal daran denken, wer sich alles zum Thema Kernenergie äußert. Bei wem von dieser Liste hier haben Sie Vertrauen, daß Sie gut und umfassend informiert werden?" (Vorlage einer Liste)

	Bevölkerung insgesamt %
Fernsehsendungen	53
Wissenschaftler	39
Informationskreis Kernenergie	27
Hörfunk	25
Tageszeitung, die hier am Ort erscheint	25
Überregionale Tageszeitung	19
Bundesverband der Bürgerinitiativen	18
Öko-Institut	17
Die Grünen	17
CDU/CSU	17
Bundesregierung	16
Deutsches Atomforum	16
SPD	13
Informationszentrale der Deutschen Elektrizitätswirtschaft	11
Elektrizitätswerke	9
Kirchen	9
Bundesverband der Deutschen Industrie	9
Gewerkschaft	7
F.D.P.	6

Quelle: Allensbacher Archiv, IfD-Umfrage 4088, März 1987

Nach dem, was man bisher über die Bildung der öffentlichen Meinung weiß, gibt es nur den Schluß, daß keine Seite, auch die Befürworter der Kernenergie nicht, schweigen darf, weder privat noch öffentlich. Eine Schweigespirale ist nicht die richtige Art, über die zukünftige Sicherung der Energie zu entscheiden.

Schwierigkeiten mit dem Rechtsbewußtsein

Elisabeth Noelle-Neumann

Einmal im Jahr werden über 500 junge Leute vom Bundestagspräsidenten eingeladen zu einer Sitzung, bei der sie selbst die Plätze der Abgeordneten einnehmen; zwei von ihnen werden gewählt, um als Schriftführer, links und rechts vom Präsidenten sitzend, ihn in der Leitung zu unterstützen.
In zehn Gesprächskreisen — dem Modell der Bundestagsausschüsse und Arbeitskreise der Parteien folgend — werden politische Themen beraten; und im Plenum tragen zehn von den Gesprächskreisen gewählte Sprecher die Ergebnisse der Beratungen vor.
Der gedruckt vorliegende Bericht der Bundestagsstenographen vom 18. Juni 1986 hat den Bericht des Arbeitskreises „Mehrheitsentscheidungen im demokratischen Staat“ folgendermaßen festgehalten:
„Präsident Dr. Jenninger: Ich rufe nun den Bericht aus dem Gesprächskreis ‚Mehrheitsentscheidungen im demokratischen Staat‘ auf und darf Frau Monika Fabricius das Wort geben.

(Beifall)

Monika Fabricius: Sehr geehrter Herr Präsident! Alle, die Ihr hier seid! Die Kernfrage in unserer Diskussionsrunde war, was das Wesen der Demokratie ausmacht. Einige vertraten die Auffassung, daß das Mehrheitsprinzip richtig sei, weil die Wahrheit nicht feststellbar sei.

(Vereinzelter Beifall in der Mitte)

Das Gegenargument war, daß das Individuum bei Mehrheitsentscheidungen bevormundet wird, weil nicht alle Menschen gleichen Einfluß auf die Politik hätten.

(Beifall)

Daraus folgte eine Diskussion darüber, ob man mehr plebiszitäre Elemente in die heutige Demokratie einbauen sollte wie z. B. eine Volksabstimmung, bei der das Volk direkt mitentscheiden soll.

(Beifall)

Dagegen vertraten viele die Meinung, daß sich das Volk gar nicht mit der Materie genug beschäftigen könnte und dadurch nicht berechtigt sei, in einer Volksabstimmung z. B. über Aufrüstung zu entscheiden.

(Beifall und Buh-Rufe)

In dem zweiten Themenkreis haben wir uns damit beschäftigt, wo die Gewalt anfängt. Die Demonstration ist ebenso wie die Arbeit in einer Partei eine legitime Form der politischen Einflußnahme.

(Beifall)

Probleme entstehen dadurch, daß bei Demonstrationen Gewalt auftaucht. Von einigen ist diese Gewalt prinzipiell abgelehnt worden,

(Lebhafter Beifall)

andere hingegen rechtfertigten die Gewalt.

(Pfui-Rufe)

— Ist ja gut. Sie rechtfertigten die Gewalt mit dem Argument, daß es eine Verzweiflungstat der Menschen gegenüber der Macht des Staates sei,

(Beifall und Lachen)

und daß Gewalt durch den Staat in der Form von Polizei provoziert würde.

(Vereinzelter Beifall und Pfui-Rufe
— Zuruf: Das war so nicht gesagt!)

Über den Ablauf der jüngsten Demonstrationen herrschten unterschiedliche Auffassungen: Die einen sagten, daß schon die Teilnahme an solchen gewalttätigen Demonstrationen der Gewalt Vorschub leisten würde.

(Beifall)

Andere hingegen sahen in der Teilnahme auch an gewalttätigen Demonstrationen eine legitime Ausübung des Grundrechts der Demonstrationsfreiheit.

(Vereinzelter Beifall)

Das entscheidende Problem, bei dem wir uns auch alle einig waren, obwohl es eine sehr heftige Diskussion gab, ist, daß wir alle gemeinsam versuchen müssen, diese Spirale der gegenseitigen Gewalt zu verhindern.

(Beifall)

Präsident Dr. Jenninger: Vielen Dank, Monika Fabricius, für diesen Bericht aus dem Gesprächskreis ‚Mehrheitsentscheidungen im demokratischen Staat'."

Wie ist die junge Generation ausgerüstet für eine solche Diskussion über „Mehrheitsentscheidungen im demokratischen Staat"? „Einige vertraten die Auffassung, daß das Mehrheitsprinzip richtig sei", sagte die Berichterstatterin Monika Fabricius, und sie fuhr fort: „Das Gegenargument war, daß das Individuum bei Mehrheitsentscheidungen bevormundet wird, weil nicht alle Menschen gleichen Einfluß auf die Politik hätten." Man fühlt sich erinnert an die Diskussionen, zu denen sich John Locke und seine Freunde regelmäßig um 1670 in London trafen und aus denen schließlich sein Buch „Über den menschlichen Verstand" hervorging. Der Freundeskreis diskutierte über die Anfänge der menschlichen Gesellschaft und wie die Menschen bei einem Zusammenschluß zu staatlichen Gemeinschaften die Verfügung über ihre gesamte Macht, Gewalt zu gebrauchen, an die Öffentlichkeit abgetreten hätten, „so daß sie Gewalt nur insoweit gegen einen Mitbürger verwenden können, wie es das Gesetz ihres Landes erlaubt". Daß man auf einen Teil seiner Individualität verzichten müsse im Interesse des friedlichen Zusammenlebens — und auch im Interesse der Verteidigungsfähigkeit nach außen, wie man hier hinzufügen kann; daß man also „bevormundet wird", wie es die Berichterstatterin Monika Fabricius ausdrückt, ist einem großen Teil unserer Bevölkerung, und vor allem dem jüngeren Teil der Bevölkerung, nicht mehr klar. Die Idee des „Gesellschaftsvertrags" sagt ihnen nichts.

Der Fachausdruck für die Übertragung des Rechts zur Anwendung von Gewalt an den Staat zum Schutz der Bürger gegen die Verletzung der Regeln heißt: „Gewaltmonopol des Staates". Eine Frage dazu in einer Allensbacher Umfrage mit rund 1000 Interviews — repräsentativ für das Bundesgebiet mit West-Berlin — im Herbst 1986 lautete: „Haben Sie schon einmal den Begriff Gewaltmonopol des Staates gehört?" „Ja" antworteten 34 Prozent, „nein" 60 Prozent. Eine nächste Frage lautete: „Darf ich noch fragen: Was verstehen Sie darunter, was ist mit dem Begriff ‚Gewaltmonopol des Staates' gemeint?" Von dem Drittel der Bevölkerung, das den Begriff überhaupt schon einmal gehört hatte, gaben die auf den Grund gehende, zutreffende Antwort: „Der Staat darf Gewalt ausüben zum Schutz der Bürger, zur Verteidigung der Bevölkerung": 1,7 Prozent. Es übersetzten den Begriff wertfrei mit Erklärungen wie „Der Staat darf Gewalt ausüben": 30 Prozent; 12 Prozent übersetzten den Begriff mit „Staatsgewalt", „staatliche Ordnung", 10 Prozent erwähnten neutral die Polizei. 41 Prozent sahen in dem Begriff „Gewaltmonopol des Staates" eine negative Kennzeichnung des Staates: Einschränkung der Rechte der Bürger durch den Staat, zu große Staatsgewalt; 13 Prozent sprachen ausdrücklich von Polizeistaat und Diktatur.

Unter diesen Umständen ist es nicht mehr überraschend, wie eine weitere Frage beantwortet wurde. Sie

lautete: „Eine Frage zum Gewaltmonopol des Staates: Sind Sie eigentlich grundsätzlich für oder gegen das Gewaltmonopol des Staates?“ Die Bevölkerung ab 16 Jahre antwortete zu 45 Prozent „dafür“, zu 44 Prozent „dagegen“, der Rest gab andere Antworten oder blieb unentschieden. Die jungen Leute unter 30: 38 Prozent „Ich bin dafür“, 48 Prozent „Ich bin dagegen“, 14 Prozent: andere Antworten oder unentschieden. Schließlich noch die Wähler der GRÜNEN: „Ich bin dafür“ 19 Prozent, „Ich bin dagegen“ 74 Prozent. Rüsten wir — bei stark ausgeweitetem Bildungssystem, erheblich verlängerter Schulzeit — unsere junge Generation mit elementaren Grundkenntnissen über Staatsbürgerkunde aus?
Die Berichterstatterin Monika Fabricius sprach beim Tag der Jugend im Parlament von einer „Spirale der gegenseitigen Gewalt“. Da klingt eine Vorstellung an von zwei Gleichberechtigten, die sich streiten und zwischen denen man irgendwie Frieden stiften muß. Darin, sagte Monika Fabricius, seien sie sich alle einig gewesen, daß man gemeinsam versuchen müsse, diese Spirale der gegenseitigen Gewalt zu verhindern. Die Verwirrung, aus der heraus hier diskutiert wurde, läßt sich an den Ergebnissen der folgenden Frage illustrieren: „Wenn es bei einer Demonstration zu einer Auseinandersetzung zwischen Demonstranten und der Polizei kommt, dann prügeln manchmal Polizisten auf Demonstranten, und Demonstranten schlagen auf Polizisten ein. Was meinen Sie: Ist es in Ordnung, daß Polizisten auf Demonstranten einschlagen, die sich den polizeilichen Anordnungen widersetzen, oder darf die Polizei keine Gewalt anwenden?“ Die Bevölkerung ab 16 Jahre antwortet zu 36 Prozent „ist in Ordnung“, 40 Prozent meinen „Die Polizei darf keine Gewalt anwenden“, 24 Prozent bleiben unentschie-

den. Von den unter 30jährigen sagen 25 Prozent „in Ordnung", 49 Prozent meinen, die Polizei dürfe keine Gewalt anwenden. Die junge Generation sieht also mehrheitlich in den Polizisten, die zur Durchsetzung des Gesetzes Gewalt anwenden, Unrechtstäter. Dabei zeigt ein Vergleich mit weniger als vier Jahre vorher, im Herbst 1982, erhobenen Ergebnissen eine rasche Erosion der Rechtsvorstellungen (Tabelle 1).

Eine weitere Frage lautete: „Wenn Demonstranten zurückschlagen, finden Sie, das ist in Ordnung, oder dürfen sie das nicht tun?" Dies ist also die Spirale gegenseitiger Gewaltanwendungen, wie das die Berichterstatterin ausdrückte. 11 Prozent der Bevölkerung, 18 Prozent der jungen Leute, 26 Prozent der GRÜNEN (bei

Tabelle 1
Bundesgebiet mit West-Berlin
Bevölkerung ab 16 Jahre

Frage: „Wenn es bei einer Demonstration zu einer Auseinandersetzung zwischen Demonstranten und der Polizei kommt, dann prügeln manchmal Polizisten auf Demonstranten, und Demonstranten schlagen auf Polizisten ein. Was meinen Sie: Ist es in Ordnung, daß Polizisten auf Demonstranten einschlagen, die sich den polizeilichen Anordnungen widersetzen, oder darf die Polizei keine Gewalt anwenden?"

	Bevölkerung insgesamt		*Unter 30jährige*		*Wähler der Grünen*	
	1982 %	1986 %	1982 %	1986 %	1982 %	1986 %
Ist in Ordnung . . .	44	36	35	25	12	8
Darf keine Gewalt anwenden	37	40	42	49	68	69
Unentschieden . .	19	24	23	26	20	23
	100	100	100	100	100	100
n =	6217	2026	1694	550	401	158

Quelle: Allensbacher Archiv: IfD-Umfragen 4012—14, 4070

46 Prozent Gegenstimmen) glauben, die Demonstranten seien im Recht, wenn sie zurückschlagen (Tabelle 2).

Vor einiger Zeit unterhielt ich mich mit einem Professor für Rechtssoziologie, einer großen Autorität. Ich sagte ihm, daß ich mit einer demoskopischen Untersuchung über Rechtsbewußtsein befaßt sei. „Rechtsbewußtsein“, antwortete er, „gibt es das denn?“ Die Rückfrage ist berechtigter, als ich im ersten Augenblick wahrnahm. In jedem Fall verwenden unser Staat und unsere Gesellschaft bemerkenswert wenig Mühe darauf zu erforschen, was in der Bevölkerung für Recht gehalten wird. Es gibt eine gelehrte – und auch notwendige – Diskussion darüber, wieweit das Recht die Entwicklung der öffentlichen Meinung beachten muß. Das Thema wurde neu belebt, seitdem öffentliche Meinung, ihre Entwicklung, ihre sozialpsychologische Dynamik tatsächlich festgestellt werden kann.

Tabelle 2
Bundesgebiet mit West-Berlin
Bevölkerung ab 16 Jahre

Frage: „Wenn Demonstranten zurückschlagen, finden Sie, das ist in Ordnung, oder dürfen sie das nicht tun?“

	Bevölkerung insgesamt		*Unter 30jährige*		*Wähler der Grünen*	
	1982 %	1986 %	1982 %	1986 %	1982 %	1986 %
Ist in Ordnung . . .	12	11	21	18	33	26
Dürfen sie nicht tun	70	64	57	54	47	46
Unentschieden . .	18	25	22	28	20	28
	100	100	100	100	100	100
n =	6217	2026	1694	550	401	158

Quelle: Allensbacher Archiv: IfD-Umfragen 4012–14, 4070

Aber noch ist ganz unklar, wie die Beziehung zwischen dem Recht und der öffentlichen Meinung gestaltet werden muß.
Zum Thema Rechtsbewußtsein: Kann man davon ausgehen, daß demokratische, rechtskräftig bestätigte Entscheidungen als legitim anerkannt werden? Eine dreimal zwischen 1980 und 1986 in Allensbacher Umfragen gestellte Frage lautet: „Ich möchte Ihnen jetzt einen Fall erzählen: In einem kleinen Ort soll eine Fabrik gebaut werden. Der Gemeinderat hat den Bau der Fabrik genehmigt, die Bevölkerung ist aber dagegen. Ein Prozeß vor Gericht hat ergeben, daß die Bevölkerung nichts dagegen unternehmen kann, und die Fabrik gebaut werden muß. In einer öffentlichen Veranstaltung treten nun zwei Redner auf, die folgendes sagen. Wenn Sie das bitte einmal lesen. Wem würden Sie eher zustimmen?" (Tabelle 3). Die eine der zur Auswahl gestellten Ansichten lautete: „Der Gemeinderat und das Gericht haben beschlossen, daß die Fabrik gebaut wird. Wir haben den Gemeinderat gewählt, also müssen wir jetzt diese demokratische Entscheidung mittragen und dürfen uns nicht länger gegen den Bau wehren." Ihr schlossen sich 1982 60 Prozent und 1986 49 Prozent an. Die Gegenmeinung lautete: „Das sehe ich anders. Wir, die Bürger, sind gegen die Fabrik. Wenn der Gemeinderat das nicht sieht, die Bevölkerung kann das besser beurteilen. Wir müssen auf jeden Fall den Bau der Fabrik verhindern, auch wenn wir vielleicht Gewalt anwenden müssen." Von der Bevölkerung insgesamt stimmten 23 Prozent, von den unter 30jährigen 34 Prozent, von den Wählern der GRÜNEN 47 Prozent zu (Tabelle 3).
Man erkennt ein Muster, das in den letzten Jahren schon in vielen Themenbereichen sichtbar geworden ist. Das Muster besteht darin, daß in der Bevölkerung

Tabelle 3

Bundesgebiet mit West-Berlin
Bevölkerung ab 16 Jahre

Frage: „Ich möchte Ihnen jetzt einen Fall erzählen: In einem kleinen Ort soll eine Fabrik gebaut werden. Der Gemeinderat hat den Bau der Fabrik genehmigt, die Bevölkerung ist aber dagegen. Ein Prozeß vor Gericht hat ergeben, daß die Bevölkerung nichts dagegen unternehmen kann und die Fabrik gebaut werden muß. In einer öffentlichen Veranstaltung treten nun zwei Redner auf, die folgendes sagen. Wenn Sie das bitte einmal lesen. Wem würden Sie eher zustimmen?" (Vorlage eines Bildblatts)

	Bevölkerung insgesamt			*Unter 30jährige*			*Wähler der GRÜNEN*		
	1982 %	*1984* %	*1986* %	*1982* %	*1984* %	*1986* %	*1982* %	*1984* %	*1986* %
„Der Gemeinderat und das Gericht haben beschlossen, daß die Fabrik gebaut wird. Wir haben den Gemeinderat gewählt, also müssen wir jetzt diese demokratische Entscheidung mittragen und dürfen uns nicht länger gegen den Bau wehren."	60	57	49	49	45	36	21	22	20
„Das sehe ich anders. Wir, die Bürger, sind gegen die Fabrik. Wenn der Gemeinderat das nicht sieht, die Bevölkerung kann das besser beurteilen. Wir müssen auf jeden Fall den Bau der Fabrik verhindern, auch wenn wir vielleicht Gewalt anwenden müssen." . . .	19	21	23	30	32	34	56	57	47
Unentschieden	21	22	28	21	23	30	23	21	33
	100	100	100	100	100	100	100	100	100
n =	6217	2066	2026	1694	564	550	401	188	158

Quelle: Allensbacher Archiv, IfD-Umfragen 4012-14, 4044, 4070

ein weitgehender Konsensus in einer Frage besteht mit einer kraß abweichenden Gruppe, den GRÜNEN. Im Verlauf weniger Jahre löst sich der Konsensus auf; zuerst am deutlichsten übernimmt ein erheblicher Teil der ganz jungen Generation den Mehrheitsstandpunkt der GRÜNEN, etwas langsamer, aber klar erkennbar, folgt die übrige Bevölkerung. Innerhalb von knapp vier Jahren, zwischen 1982 und 1986, hat der Konsensus, eine demokratische Entscheidung, die rechtskräftig bestätigt ist, sei zu respektieren, spürbar nachgelassen.

Es ist auch zu erkennen, wie die Güterabwägung aussieht und welcher Wert den Respekt vor der rechtskräftigen demokratischen Entscheidung zurückdrängt: das Gewissen. Dies soll am Beispiel einer Umfrage zum Thema Frankfurter Flughafen, Ausbau der Startbahn West dargestellt werden. Die Frage: „Auf dem Gelände des Frankfurter Flughafens soll eine neue Startbahn, die Startbahn West gebaut werden. Darüber hat es heftige Auseinandersetzungen gegeben. Haben Sie schon davon gehört?“ — „Zu dieser Startbahn West gibt es zwei Ansichten. Die einen sagen: Der Bau ist vom Landtag beschlossen, und auch die Gerichte haben entschieden, daß die Startbahn West gebaut werden kann. Damit muß man sich auch dann abfinden, wenn man dagegen ist. Die anderen sagen: Die Startbahn West ist schädlich für die Natur und für die Menschen, die dort wohnen. Der Bau ist unverantwortlich. Da ist es eine Gewissenspflicht, weiter dagegen anzukämpfen. Wem würden Sie eher zustimmen?“ Die Bevölkerung ab 16 Jahre unterstützte schon im Herbst 1982 nur noch zur Hälfte den Rechtsstandpunkt. Wenige Monate später, im April 1983, sind es nur noch 44 Prozent. Bei den unter 30jährigen gibt es eine klare Mehrheit für den Gewissensentscheid. Mit hohem Konsensus schließlich geben die GRÜNEN dem Gewissen den Vorrang (Tabelle 4). Es ist leicht zu sehen, daß ein Staat, der sich nur auf die Gewissensentscheidungen seiner Bürger stützen sollte und ohne verbindliche Rechtsordnung auskommen wollte, nicht existenzfähig wäre.

Tabelle 4
Bundesgebiet mit West-Berlin
Bevölkerung ab 16 Jahre

Frage: „Auf dem Gelände des Frankfurter Flughafens soll eine neue Startbahn, die Startbahn West gebaut werden. Darüber hat es heftige Auseinandersetzungen gegeben. Haben Sie schon davon gehört?

Zu dieser Startbahn West gibt es zwei Ansichten.

Die einen sagen: ‚Der Bau ist vom Landtag beschlossen, und auch die Gerichte haben entschieden, daß die Startbahn West gebaut werden kann. Damit muß man sich auch dann abfinden, wenn man dagegen ist.'

Die anderen sagen: ‚Die Startbahn West ist schädlich für die Natur und für die Menschen, die dort wohnen. Der Bau ist unverantwortlich, da ist es eine Gewissenspflicht, weiter dagegen zu kämpfen.'

Wem würden Sie eher zustimmen, den einen oder den anderen?"

	Bevölkerung insgesamt		*Unter 30jährige*		*Wähler der Grünen*	
	Herbst 1982 %	April 1983 %	Herbst 1982 %	April 1983 %	Herbst 1982 %	April 1983 %
Damit abfinden . .	50	44	33	34	8	6
Gewissenspflicht, dagegen anzukämpfen	30	34	49	49	85	86
Unentschieden . .	20	22	18	17	7	8
	100	100	100	100	100	100
n =	6217	1107	1694	288	401	82

Quelle: Allensbacher Archiv: IfD-Umfragen 4012—14, 4026

Aber woher die Vorstellung vom Primat des Gewissens kommt, ist auch leicht zu sehen. Sie kommt aus dem Vorwurf, die Deutschen im Dritten Reich hätten mehr auf die Stimme ihres Gewissens hören müssen, dann hätten sie die Verbrechen des Hitler-Regimes verhindern können. Eine bewußte Vernachlässigung des Eindringens, des Verständnisses der Funktionsweise totalitärer Diktaturen zeitigt hier ihre Folgen. Zur Berufung auf das Gewissen kommt die Vorstellung vom Widerstandsrecht, um demokratisch getroffenen, rechtskräftig gewordenen Entscheidungen die Anerkennung zu verweigern. Über dieses Widerstandsrecht gibt es große Unklarheit. Man kann das an einer Umfrage vom August 1983 zeigen. Die erste Frage lautete: „Einmal angenommen, die Genfer Abrüstungsverhandlungen scheitern, und bei uns in der Bundesrepublik werden neue amerikanische Mittelstreckenraketen aufgestellt. Nach allem, was Sie wissen oder vermuten: Darf jemand, der etwas gegen die Aufstellung tun will, sich auf das Widerstandsrecht berufen, wie es das Grundgesetz vorsieht, oder darf er das nicht tun?“ Eine weitere Frage lautete: „Einmal abgesehen vom Widerstandsrecht, wie es im Grundgesetz steht: Meinen Sie, daß es unabhängig davon ein allgemeines Widerstandsrecht gibt, auf das man sich berufen kann, um zum Beispiel die Stationierung der amerikanischen Mittelstreckenraketen zu verhindern?“ Von der Bevölkerung ab 16 Jahre meinten 40 Prozent, es gebe ein Widerstandsrecht, um die Stationierung der amerikanischen Mittelstreckenraketen zu verhindern. 18 Prozent sagten, ein solches Widerstandsrecht gebe es nicht. 42 Prozent sagten, sie wüßten es nicht. Die Ergebnisse für die unter 30jährigen: Man hat ein Widerstandsrecht, um die Stationierung zu verhindern: 45 Prozent, man hat kein Widerstandsrecht: 16 Prozent, sie wüßten es nicht: 39 Prozent. Und die GRÜNEN: Man hat das Widerstandsrecht: 58 Prozent, man hat kein Widerstandsrecht: 8 Prozent, weiß nicht: 34 Prozent.

Ein Widerstandsrecht zu haben, ist für den einzelnen um so überzeugender, als das Vertrauen in die repräsentative Demokratie ständig absinkt, wie die Frage nach dem Gemeinderat zeigte (Tabelle 3). Der Standpunkt „Wir, die Bürger, sind gegen die Fabrik. Wenn der Gemeinderat das nicht sieht, die Bevölkerung kann das besser beurteilen. Wir müssen auf jeden Fall den Bau der Fabrik verhindern, auch wenn wir vielleicht Gewalt anwenden müssen“, hatte 1986 bei der jungen Generation der unter 30jährigen praktisch genausoviel Anhänger wie der verfassungsgemäße Standpunkt: „Der Gemeinderat und das Gericht haben beschlossen, daß die Fabrik gebaut wird. Wir haben den Gemeinderat gewählt, also müssen wir jetzt diese demokratische Entscheidung mittragen und dürfen uns nicht länger gegen den Bau wehren.“ Die Ansichten der jungen Leute standen 34 Prozent zu 36 Prozent gegeneinander. Von Konsensus kann keine Rede mehr sein. Die Unsicherheit, was in dieser Frage das richtige sei, stieg von 21 Prozent 1982 auf 30 Prozent 1986.

Schon 1978 erklärten bei einer Frage, was zu einer Demokratie gehöre, 63 Prozent der Bevölkerung, daß die Politiker ihre Politik weitgehend nach den Wünschen der Bevölkerung richten müßten, schon damals also gab es ein weitverbreitetes plebiszitäres Mißverständnis. Weit verbreitet in der Bevölkerung war sogar die Vorstellung — im Unterschied zu dem, was das Grundgesetz sagt —, die Abgeordneten dürften nicht ihrem Gewissen entsprechend stimmen, wenn sie wüßten, daß die Mehrheit der Bevölkerung anders

denke. Zwischen 54 und 62 Prozent liegt der Anteil der Bevölkerung, der diese Ansicht vertritt, der Abgeordnete müsse so stimmen, wie die Bevölkerung es wünscht.
Im Bericht über den „Tag der Jugend" im Parlament ist festgehalten, mit Beifall sei der Bericht von Monika Fabricius unterbrochen worden, als sie sagte, man habe diskutiert, ob man mehr plebiszitäre Elemente in die heutige Demokratie einbauen solle, wie zum Beispiel Volksabstimmungen, bei denen das Volk direkt mitentscheiden solle. Eine Allensbacher Frage dazu lautete 1982 und 1986: „Unsere Demokratie ist ja so aufgebaut, daß es Parlamente gibt, in denen die gewählten Abgeordneten als Volksvertreter Politik machen. Wenn jetzt jemand den Vorschlag macht, die Parlamente abzuschaffen und eine direkte Demokratie einzuführen: Jeder einzelne kann dann direkt in die Politik eingreifen, und über Gesetze würde zum Beispiel in Volksabstimmungen entschieden. Wären Sie dann eher für oder eher gegen diesen Vorschlag?" 1986 sagten die GRÜNEN, die schon so oft als Avantgardisten gewirkt haben, zu 66 Prozent (bei 20 Prozent Gegenstimmen), sie seien für die Abschaffung der Parlamente und für die direkte Demokratie.
Es hat sich zu einem Ritual entwickelt, bei der Diskussion einer parlamentarischen Zusammenarbeit mit den GRÜNEN zu erklären, Vorbedingung sei, daß die GRÜNEN ihr Verhältnis zur Anwendung von Gewalt klärten. Aber wieviel mehr müßte noch geklärt werden — und nicht nur bei den GRÜNEN.

Nachwort

Im Juni 1984 erfanden wir im Allensbacher Institut einen Test. Schon seit der Mitte der siebziger Jahre hatten wir bei den Umfragen den Eindruck von einem Klimawandel. Damals gab es einen Kongreß unter dem Titel „Tendenzwende“, eine Rückkehr zu konservativen Werten wurde erwartet, aber das ist hier nicht gemeint. Eine Tendenzwende, wie sie damals angekündigt wurde, hat es übrigens bis heute nicht wirklich gegeben, jedenfalls nicht so, daß man sie mit den Mitteln der Demoskopie feststellen könnte. Aber es schien, als ob die Faszination der marxistisch inspirierten großen öffentlichen Diskussionen aus der Zeit der 1968er Studentenrevolte verblaßte, der scharf geschliffene Verstand, die Theorie-Auseinandersetzung kamen irgendwie aus der Mode, so schien es uns.

Ein zunächst auf „Fachidioten“ begrenzter Begriff auf den Verstand weitete sich aus zu einem Argwohn gegen die moralisch blinde „instrumentelle Vernunft“ (Horkheimer) und zu einem Verdacht gegen die Experten ganz allgemein, die Argumente lieferten, wie sie der Auftraggeber bestellte, und untereinander entsprechend zerstritten seien.

Während das Rationale entwertet wurde, blieb die moralische Spannung vom Ende der sechziger Jahre in ihrer speziellen Einfärbung als Anklage gegen die Gesellschaft erhalten und vermischte sich nun mit einem Glauben an die Hellsichtigkeit der Irrationalität.

Das Irrationale als die neue Moral? Es fehlten uns die demoskopischen Instrumente, um eine solche Witterung von Klimawandel seit Mitte der siebziger Jahre wirklich beobachten, wirklich nachweisen zu können. Der Test, mit dem das möglich gewesen wäre, fiel uns erst 1984 ein. Es war eine Frage, und dazu wurde ein Bildblatt im Interview vorgelegt. Die Frage lautete: „Ich möchte Ihnen jetzt einen Vorfall erzählen, der sich neulich bei einer Podiumsdiskussion über Abrüstung ereignet hat. Zwei Experten sprachen darüber, was die neuesten Statistiken über die Rüstung von Warschauer Pakt und NATO sagen und wieviel Sprengköpfe wirklich auf beiden Seiten vorhanden sind. Plötzlich springt ein Zuhörer auf und ruft etwas in den Saal ..." An diesem Punkt übergibt der Interviewer dem Befragten ein Bildblatt, auf dem der erregte Zwischenrufer zu sehen ist mit seinem Ausruf: „Was interessieren mich Zahlen und Statistiken in diesem Zusammenhang! Wie kann man überhaupt so kalt über ein Thema reden, das über unsere ganze Zukunft entscheidet!" Die Frage endete: „Würden Sie sagen, er hat ganz recht oder nicht recht?" Im Verhältnis 2 zu 1 sagten die Befragten, er habe recht.

Der Test wurde in den folgenden Jahren wiederholt zum Thema Waldsterben und zum Thema Geschwindigkeitsbegrenzung auf Autobahnen, zum Thema Tierversuche und zum Thema Kernenergie, zum Thema Arbeitslosigkeit und zum Thema Sicherheit in der Chemischen Industrie. Immer sagten Mehrheiten: Dieser Zwischenrufer hat recht! Zuletzt bei der Frage nach der Sicherheit in der Chemischen Industrie waren es 76 Prozent, die von Zahlen und Statistiken nichts hören wollten, die dem Zwischenrufer recht gaben, bei nur 13 Prozent Gegenstimmen „hat nicht recht" (Schaubild).

Wie manipulierbar wird eine Bevölkerung, für die Verstand und Moral Gegensätze werden? Wie unmündig? Man muß sich zu Zahlen bekennen aus Gründen des Verstandes und aus Gründen der Moral.

Verstand und Moral Gegensätze?

Ein demoskopischer Test

Frage: „Ich möchte Ihnen jetzt einen Vorfall erzählen, der sich neulich bei einer Podiumsdiskussion über die chemische Industrie ereignet hat. Einige Experten sprechen darüber, wie sicher eigentlich unsere Chemiefabriken sind und welche Vorkehrungen für Unglücksfälle getroffen sind. Plötzlich springt ein Zuhörer auf und ruft etwas in den Saal:“

„Würden Sie sagen, er hat ganz recht oder nicht recht?“

Hat recht	76 %
Hat nicht recht	13 %
Unmöglich zu sagen	11 %
	100 %

Allensbacher Archiv, IfD-Umfrage 4083/I, November/Dezember 1986

TEXTE + THESEN

LIEFERBARE TITEL

Politik

Fromme, Friedrich K.
Der Parlamentarier — ein Freier Beruf?
ISBN 3-7201-5103-4 12,-

Gysling, Erich
Arabiens Uhren gehen anders
Eigendynamik und Weltpolitik in Nahost
ISBN 3-7201-5149-2 14,-

Heck, Bruno
Vaterland Bundesrepublik?
ISBN 3-7201-5174-3 14,-

Hellmer, Joachim
Anpassung oder Widerstand?
Der Bürger als Souverän —
Grenzen staatlicher Disziplinierung
ISBN 3-7201-5201-4 14,-

Hillgruber, A./Hildebrand, K.
Kalkül zwischen Macht und Ideologie
Der Hitler-Stalin-Pakt:
Parallelen bis heute?
ISBN 3-7201-5125-5 12,-

Höpker, Wolfgang
Aktionsfeld Pazifik
Politik, Wirtschaft, Strategie
ISBN 3-7201-5112-3 12,-

Höpker, Wolfgang
Sozialistische Internationale
Aufschluß über eine unbekannte Größe
ISBN 3-7201-5148-4 14,-

Kirsch, Botho
Kalter Friede — was nun?
Die Konfliktstrategie der Sowjets
ISBN 3-7729-5053-1 9,-

Kirsch, Botho
Westdrall — Ostdrift
Wie selbständig darf deutsche Politik sein?
ISBN 3-7201-5184-0 14,-

Langguth, Gerd
Der grüne Faktor
Von der Bewegung zur Partei?
ISBN 3-7201-5169 -7 14,-

Laufer, Heinz
Bürokratisierte Demokratie
ISBN 3-7201-5157-3 14,-

Lendvai, Paul
Das einsame Albanien
Reportage aus dem Land der Skipetaren
ISBN 3-7201-5177-8 14,-

Lendvai, Paul
Das eigenwillige Ungarn
Innenansichten eines Grenzgängers
ISBN 3-7201-5195-6 14,-

Lobkowicz, Nikolaus
Marxismus und Machtergreifung
Der kommunistische Weg zur Herrschaft
ISBN 3-7201-5101-8 12,-

Meissner, Boris
Sowjetische Kurskorrekturen
Breshnew und seine Erben
ISBN 3-7201-5168-9 14,-

Oberreuter, Heinrich
Kann der Parlamentarismus überleben?
Bund, Länder, Europa
ISBN 3-7201-5093-3 9,-

Oberreuter, Heinrich
Übermacht der Medien
Erstickt die demokratische Kommunikation?
ISBN 3-7201-5144-1 14,-

Oberreuter, Heinrich
Parteien — zwischen Nestwärme und Funktionskälte
ISBN 3-7201-5165-4 14,-

Oberreuter, Heinrich
Stimmungsdemokratie
Strömungen im politischen Bewußtsein
ISBN 3-7201-5205-7 14,-

Ortlieb, H.-D./Lösch, D.
Was wird aus Südafrika?
Ein Subkontinent sucht den lenkbaren Wandel
ISBN 3-7201-5187-5 14,-

Pauls, Rolf F.
Rettet uns die Rüstungspolitik?
Sicherheit am Ende eines unsicheren Jahrhunderts
ISBN 3-7201-5152-2 14,-

Roegele, Otto B.
Medienpolitik — und wie man sie macht
ISBN 3-7729-5040-X 9,-

Rühle, Hans
Angriff auf die Volksseele
Über Pazifismus zum Weltfrieden?
ISBN 3-7201-5175-1 14,-

Rüthers, Bernd
Grauzone Arbeitsrechtspolitik
ISBN 3-7201-5190-5 14,-

Rüthers, Bernd
Wir denken die Rechtsbegriffe um . . .
Weltanschauung als Auslegungsprinzip
ISBN 3-7201-5199-9 14,-

Scheuch, Ute und Erwin K.
China und Indien
Eine soziologische Landvermessung
ISBN 3-7201-5196-4 14,-

Schlosser, Günter
Briefe vom Kap
Ein Deutscher über seine Wahlheimat Südafrika
ISBN 3-7201-5193-X 14,-

Sontheimer, Kurt
Der unbehagliche Bürger
Vom deutschen Umgang mit der Demokratie
ISBN 3-7201-5122-0 12,-

Ströbinger, Rudolf
Roter Kolonialismus
Minderheiten im Ostblock
ISBN 3-7201-5131-X 12,-

Ströbinger, Rudolf
Poker um Prag
Die frühen Folgen von Jalta
ISBN 3-7201-5181-6 14,-

Veen/Meissner/Domes/Kux/Mertes
Wandel im Kommunismus
ISBN 3-7201-5114-X 12,-

Weidenfeld, Werner
Ratlose Normalität
Die Deutschen auf der Suche nach sich selbst
ISBN 3-7201-5172-7 14,-

Wingen, Max
Kinder in der Industriegesellschaft — wozu?
Analysen — Perspektiven — Kurskorrekturen
ISBN 3-7201-5146-8 14,-

Zimmermann, Ekkart
Massen-Mobilisierung
Protest als politische Gewalt
ISBN 3-7201-5163-8 14,-

Zöller, Michael, Hrsg.
Aufklärung heute
Bedingungen unserer Freiheit
ISBN 3-7201-5126-3 12,-

Wirtschaft

Andreae, Clemens-August
Vom Boß zum Partner
ISBN 3-7201-5154-9 14,-

Huppert, Walter
Sozialpolitik — Stolz der Nation
Bedenkliche Folgen des Wohlfahrtsstaates
ISBN 3-7201-5145-X 12,-

Jenny, Hans
Das neue Afrika
Kontinent im Umbruch
ISBN 3-7201-5127-1 12,-

Jungblut, Michael
Je mehr er hat, je mehr er will . . .
Über soziale und
wirtschaftliche Machbarkeiten
ISBN 3-7201-5133-6 14,-

Kirsch, Botho
Zwischen Marx und Murks
So wirtschaftet der Osten
ISBN 3-7201-5123-9 14,-

Obst, Werner
Reiz der Idee — Pleite der Praxis
Ein deutsch-deutscher Wirtschaftsvergleich
ISBN 3-7201-5158-1 14,-

Pentzlin, Heinz
Arbeitslos — Los der Zukunft?
ISBN 3-7201-5085-2 9,-

Rüthers, Bernd
Die offene ArbeitsGesellschaft
Regeln für soziale Beweglichkeit
ISBN 3-7201-5186-7 14,-

Theobald, Adolf
Das Ökosozialprodukt
Lebensqualität als Volkseinkommen
ISBN 3-7201-5185-9 14,-

Zeller, Willy
Die unvollendete Union
Qualitätsmängel der Europäischen Gemeinschaft
ISBN 3-7201-5092-5 9,-

Gesellschaft

Burens, Peter-Claus
Stifter als Anstifter
Vom Nutzen privater Initiativen
ISBN 3-7201-5200-6 14,-

Fisch, Mascha M.
Zwischen Abenteuer und Frust
Frauen in ungewöhnlichen Berufen
ISBN 3-7201-5173-5 14,-

Grupe, Ommo
Sport als Kultur
ISBN 3-7201-5198-0 14,-

Haag, Herbert
Bewegungskultur und Freizeit
Vom Grundbedürfnis nach Sport und Spiel
ISBN 3-7201-5188-3 14,-

Helbling, Hanno, Hrsg.
Religionsfreiheit im 20. Jahrhundert
ISBN 3-7201-5094-1 9,-

Hellmer, Joachim
Verdirbt die Gesellschaft?
Kriminalität als
zwischenmenschliches Verhalten
ISBN 3-7201-5132-8 14,-

Höfer, Max A.
Zwischen Lustprinzip und Ökoaskese
Aufbruch in eine konservative Neuzeit?
ISBN 3-7201-5203-0 14,-

Höhler, Gertrud
Gesinnungskonkurrenz der Intellektuellen
ISBN 3-7201-5106-9 12,-

Hölder, Egon
Durchblick ohne Einblick
Die amtliche Statistik zwischen Datennot
und Datenschutz
ISBN 3-7201-5179-4 14,-

Hofstätter, Peter R.
Bedingungen der Zufriedenheit
ISBN 3-7201-5192-1 14,-

Klose, Werner
Stafetten-Wechsel
Fünf Generationen formen unsere Welt
ISBN 3-7201-5160-3 14,-

Lehr, Ursula
Ist Frauenarbeit schädlich?
Im Spannungsfeld von Familie und Beruf
ISBN 3-7201-5116-6 12,-

Lenk, Hans
Eigenleistung
Plädoyer für eine positive Leistungskultur
ISBN 3-7201-5164-6 14,-

Lenk, Hans
Die achte Kunst
Leistungssport — Breitensport
ISBN 3-7201-5176-X 14,-

Leuenberger, Theodor
Lebenskonzepte: Brauchen wir veränderte Leitbilder?
ISBN 3-7201-5139-5 12,-

Lindner, Roland, Hrsg.
Verspielen wir die Zukunft?
Gespräche über Technik und Glück
ISBN 3-7201-5150-6 14,-

Lobkowicz, N./Hertz, A.
Am Ende aller Religion?
Ein Streitgespräch
ISBN 3-7201-5077-1 9,-

Lübbe, Hermann
Zwischen Trend und Tradition
Überfordert uns die Gegenwart?
ISBN 3-7201-5136-0 14,-

Maier, Hans
Die Grundrechte des Menschen im modernen Staat
ISBN 3-7729-5036 -1 9,-

Mast, Claudia
Aufbruch ins Paradies?
Die Alternativbewegung und ihre Fragen
an die Gesellschaft
ISBN 3-7201-5124-7 12,-

Mast, Claudia
Zwischen Knopf und Kabel
Kommunikationstechnik für Wirtschaft
und Feierabend
ISBN 3-7201-5161-1 14,-

Meier-Bergfeld, Peter
Staats(ver)diener
Der öffentliche Dienst
ISBN 3-7201-5166-2 14,-

Meves, Christa
Werden wir ein Volk von Neurotikern?
Antrieb — Charakter — Erziehung
ISBN 3-7201-5081-X 14,-

Noelle-Neumann, Elisabeth
Werden wir alle Proletarier?
Wertewandel in unserer Gesellschaft
ISBN 3-7201-5102-6 12,-

Noelle-Neumann, Elisabeth
Eine demoskopische Deutschstunde
ISBN 3-7201-5155-7 14,-

Noelle-Neumann, Elisabeth/
Maier-Leibnitz, Heinz
Zweifel am Verstand
Das Irrationale als die neue Moral
ISBN 3-7201-5202-2 14,-

Piel, Edgar
Im Geflecht der kleinen Netze
Vom deutschen Rückzug ins Private
ISBN 3-7201-5197-2 14,-

Pourroy, Gustav Adolf
Das Prinzip Intrige
Über die gesellschaftliche Funktion eines Übels
ISBN 3-7201-5194-8 14,-

Roegele, Otto B.
Was wird aus dem gedruckten Wort?
Vom Lesen als Bürgerpflicht
ISBN 3-7201-5099-2 9,-

Roegele, Otto B.
Neugier als Laster und Tugend
ISBN 3-7201-5142-5 14,-

Schmitz-Moormann, Karl
Menschenwürde
Anspruch und Wirklichkeit
ISBN 3-7201-5117-4 12,-

Silbermann, Alphons
Der ungeliebte Jude
Zur Soziologie des Antisemitismus
ISBN 3-7201-5134-4 12,-

Silbermann, Alphons
Was ist jüdischer Geist?
Zur Identität der Juden
ISBN 3-7201-5167-0 14,-

Spann, Wolfgang
Justitia und die Ärzte
Leben, Gesundheit und Gesetz
ISBN 3-7201-5115-8 12,-

Usbeck, Ilse
Studenten-Muffel
Ratschläge für den Umgang mit einer traurigen Generation
ISBN 3-7201-5153-0 14,-

Wilhelm, Theodor
Die Rede vom Partner
Über soziale Einstellungen der Zukunft
ISBN 3-7201-5129-8 12,-

Wingen, Max
Nichteheliche Lebensgemeinschaften
Formen — Motive — Folgen
ISBN 3-7201-5171-9 14,-

Wulffen, Barbara von
Zwischen Glück und Getto
Familie im Widerspruch zum Zeitgeist?
ISBN 3-7201-5128-X 14,-

Kultur/Bildung

Betz, Werner
Verändert Sprache die Welt?
Semantik, Politik und Manipulation
ISBN 3-7201-5097-6 9,-

Claus, Jürgen
Umweltkunst
Aufbruch in neue Wirklichkeiten
ISBN 3-7201-5151-4 14,-

Claus, Jürgen
Das elektronische Bauhaus
Gestaltung mit Umwelt
ISBN 3-7201-5204-9 14,-

Maier, Hans
Sprache und Politik
Essay über aktuelle Tendenzen — Briefdialog mit Heinrich Böll
ISBN 3-7201-5080-1 9,-

Mensing, Wilhelm
Maulwürfe im Kulturbeet
DKP-Einfluß in Presse, Literatur und Kunst
ISBN 3-7201-5156-5 14,-

Nipperdey, Thomas, Hrsg.
Hochschulen zwischen Politik und Wahrheit
Sind die Reformen zu verkraften?
ISBN 3-7201-5140-9 12,-

Roellecke, Gerd
Wird das Falsche falsch studiert?
Vom Hintersinn der Studienreform
ISBN 3-7201-5118-2 12,-

Ross, Werner
Mit der linken Hand geschrieben . . .
Der deutsche Literaturbetrieb
ISBN 3-7201-5170-0 14,-

Rüegg, Walter, Hrsg.
Konkurrenz der Kopfarbeiter
Universitäten können besser sein:
Ein internationaler Vergleich
ISBN 3-7201-5**182**-4 14,-

Seel, Wolfgang
Das anstrengende Vorbild
Japan — vom Kindergarten
bis zur Industrieforschung
ISBN 3-7201-5**159**-X 14,-

Seel, Wolfgang
Bildungs-Egoismus
Alle wollen mehr
ISBN 3-7201-5**180**-8 14,-

Natur/Umwelt

Eberlein, Gerald L.
Maximierung der Erkenntnisse ohne sozialen Sinn?
Für eine wertbewußte Wissenschaft
ISBN 3-7201-5**206**-5 14,-

Hammer, Felix
Selbstzensur für Forscher?
Schwerpunkte einer Wissenschaftsethik
ISBN 3-7201-5**162**-X 14,-

Illies, Joachim
Nicht Tier, nicht Engel
Der Mensch zwischen Natur und Kultur
ISBN 3-7201-50**59**-3 9,-

Illies, Joachim
Der Mensch in der Schöpfung
Ein Naturwissenschaftler liest die Bibel
ISBN 3-7201-50**88**-7 9,-

Illies, Joachim
Schöpfung oder Evolution
Ein Naturwissenschaftler
zur Menschwerdung
ISBN 3-7201-5**121**-2 12,-

Illies, Joachim
Theologie der Sexualität
Die zweifache Herkunft der Liebe
ISBN 3-7201-5**135**-2 14,-

Langguth, Susanne
Food und Fakten
Wie sicher sind unsere Lebensmittel?
ISBN 3-7201-5**189**-1 14,-

Maier-Leibnitz, Heinz
An der Grenze zum Neuen
Rollenverteilung zwischen Forschern und
Politikern in der Gesellschaft
ISBN 3-7201-50**90**-9 9,-

Maier-Leibnitz, Heinz
Der geteilte Plato
Ein Atomphysiker zum Streit
um den Fortschritt
ISBN 3-7201-5**138**-7 14,-

Maier-Leibnitz, Heinz
Lernschock Tschernobyl
ISBN 3-7201-5**191**-3 14,-

Mayrhofer, Franz
Warum sind alle unzufrieden?
Massenmensch und Gleichgewicht
ISBN 3-7201-5**130**-1 12,-

Wulffen, Barbara von
Lichtwende
Vorsorglicher Nachruf auf die Natur
ISBN 3-7201-5**178**-6 14,-

Die Reihe wird fortgesetzt. Fordern Sie Informationsmaterial an.

Verlag A. Fromm, Postfach 19 48, D—4500 Osnabrück
Edition Interfrom, Postfach 50 05, CH—8022 Zürich